AF467242

LES ANGOISSES
DE LA MORT,
OU
IDÉES DES HORREURS DES PRISONS D'ARRAS.

PAR

Les Citoyens POIRIER & MONTGEY, de Dunkerque.

DEUXIÈME ÉDITION,

Revue, corrigée & augmentée du Procès-verbal du District d'Arras, concernant les mauvais traitemens employés envers les détenus.

Il est temps de chercher la vérité jusques dans les ténèbres les plus profondes. Cette fille du temps n'auroit plus alors à désavouer, ni à rougir de se qui se dit & se fait à son insu.

A PARIS,

Chez les Marchands de Nouveautés.

TROISÈME ANNÉE RÉPUBLICAINE.

AVERTISSEMENT.

DEUX éditions contrefaites de cette Feuille ont déjà été répandues dans le Public, on a, dans l'une & l'autre, ajouté à ſon titre primitif.

Notre ſeule deuxième édition contient le Procès-Verbal que nous avions promis au Public.

LES ANGOISSES DE LA MORT,

OU

IDÉES DES HORREURS DES PRISONS D'ARRAS.

. . . . . . Notre ame, encore oppressée, se soulève, & notre voix se joint à celle des tombeaux pour vous crier : Hommes justes, le sang innocent a coulé ! . . . La Liberté a été poursuivie jusques dans la conscience des hommes libres, la justice & l'humanité ont été outragées.

L'Extrait de l'Adresse des Citoyens d'Arras réunis en assemblée générale, à la Convention Nationale du 13 Thermidor.

CITOYENS,

UNE Loi bienfaisante nous invite à dénoncer l'oppression & les oppresseurs ; il faut lui obéir, & rompre enfin le silence, qui n'a que trop long-tems enséveli dans l'ombre du mystère, les persécutions que nous n'avons cessé d'éprouver pendant notre détention.

Verrouillés dans les prisons de la commune

d'Arras, nous avons été successivement témoins de l'enlèvement des victimes destinées aux massacres, dont Joseph Lebon se faisoit une fête, & qui lui tenoient lieu de partie de plaisir.

Si nous avons échappé à l'instrument de mort, suspendu pendant quatre mois sur nos têtes, nous ne le devons qu'au réveil vengeur de la Convention nationale, sur la conduite d'un de ses perfides mandataires; il n'est aucun de nous qui ne doive son salut à la connoissance qu'elle a acquise de nos dangers.

Nos malheurs ont commencé avec le renouvellement des Autorités constituées; amenés, pour ainsi dire, à force armée en la ville d'Arras, des hommes pervers & n'ayant d'autre aptitude que celle du mal, se sont emparés des places qui, pour le bonheur des administrés, ne devroient être occupées que par des hommes vertueux & instruits.

Sans doute il en est dans toutes les classes; mais plus ceux-ci avoient de mérite, plus ils étoient en but aux jalousies, aux inimitiés; leur modestie ne les garantissoit pas.

L'abus d'autorité devoit être une conséquence d'une organisation, qui n'avoit pas été le fruit d'un choix libre & réfléchi, & encore moins celui d'une bonne intention.

La Loi du 17 Septembre 1793, [*vieux style*], avoit eu pour objet d'éclairer les Administrateurs sur les cas où ils pourroient employer les mesures rigoureuses de sûreté générale, en un mot, les arrestations. Elle déterminoit également la formalité, qui, dans ces cas, devoit être suivie.

L'article 4 de cette Loi vouloit que " les „ Membres du Comité de Surveillance ne „ pussent ordonner l'arrestation d'aucun individu sans être au nombre de sept & à la „ majorité absolue des voix „.

Cette forme supposoit donc que personne ne seroit arrêté par ordre du Comité, sans une délibération *ad hoc*, & qui fut motivée sur un des cas exprimés par cette Loi; il étoit à présumer que les autres Autorités seroient jalouses pour leur propre justification, & par respect pour cette même Loi, de ne jamais attenter à la liberté d'un Citoyen, sans se conformer à ses dispositions.

Toutes avoient eu le tems de la méditer, puisque la première époque des arrestations, qui répandit l'effroi dans l'ame des Citoyens de cette ville, date du 17 Octobre suivant, & qu'elle s'est perpétuée sans relâche pendant l'espace de sept à huit mois. Epoque des arrestations.

On aura peine à croire que sur deux à trois mille individus, il n'en est pas un vis-à-vis duquel ces formalités aient été observées, & qu'ainsi tous aient perdu leur liberté au mépris de cette même Loi, qui étoit leur sauve-garde.

En effet, l'un est arrêté parce qu'il a, dit-on l'aristocratie gravée dans le cœur; un autre parce qu'elle est peinte sur sa figure; celui-ci, sous le prétexte d'une destitution supposée & démentie par des actes publics; celui-là comme ſuſpect, ſans autre énonciation; un autre, ſur l'obſervation d'un ſeul membre; un autre, parce que ſon père, ſon frère ou un autre de ſes parens étant déjà en arreſtation, il convient auſſi qu'il y ſoit; d'autres enfin, & c'eſt le plus grand nombre, ſans aucun motif, ſans aucune délibération ou procès-verbaux, & ſans aucune cauſe connue, ſoit de la part du comité de ſurveillance, ſoit de celle des autres autorités.

Il en eſt même que l'on croyoit libres chez eux, quoique depuis près d'un an ils fuſſent dans les fers.

On ceſſera d'en être étonné lorſqu'on ſaura qu'il n'étoit pour ainſi dire aucun Membre des adminiſtrations diverſes, qui ne ſe crût en droit de faire enlever de ſa propre autorité, de ſon propre mouvement & ſans le concours des Adminiſtrations dont il étoit, tel ou tel Citoyen qui lui déplaiſoit.

Le Comité de ſurveillance s'étoit apperçu de cet abus, & avoit pris des réſolutions qui ſembloient devoir garantir les Citoyens de cette atteinte à la liberté; mais cette réſolution, quoique de juſte obligation & quoiqu'amenée par la conviction intime du civiſme des Citoyens incarcérés, n'eut de ſtabilité que pendant quelques jours, & fut après cela totalement oubliée.

A l'égard des femmes, les mêmes vexations ſe pratiquoient, & l'immoralité de ceux qui ſe les permettoient, ainſi que la vertu de celles qu'ils attaquoient, en étoient ſouvent la ſeule cauſe. Leur perverſité n'en permettoit pas l'aveu, & conſéquemment à l'égard de celles-ci, il n'exiſtoit aucun acte qui déſignat le motif de leur arreſtation.

Nous n'entendons pas dire que les adminiſtrateurs quelconques fuſſent tous coupables; il en eſt ſans doute qui n'ont eu, ni pu avoir d'autre alternative que celle du morne ſilence, ou de ſe voir enveloppés dans la même proſcription que nous.

Mais les pervers qu'il eſt permis de déſigner d'après la voix publique, ſont notamment les *Daillet*, *Carlier*, *Cobrière*, *Duponchel*, *Darthé*, *Lefetz*, *&c.*, & tant d'autres monſtres que Joſeph Lebon avoit aſſocié à ſes crimes.

Combien, ſans doute, chers Concitoyens, n'avez-vous pas été affectés douloureuſement, lorſqu'on commença à arracher de leurs foyers & du ſein de leur famille, des perſonnes qui avoient les plus juſtes droits à votre eſtime, & dont vous euſſiez garanti le civiſme, s'il vous eût été permis de le faire, & que vos connoiſſances locales vous avoient fait diſtinguer de tous tems comme les amis de la paix, de l'ordre & de la juſtice.

Combien n'avez vous pas été ſcandaliſés, en apprenant les attrocités qui ſe commettoient lors de leur arreſtation, & du moment même où on les avoit conduit en priſon, avec les mêmes humiliations que celles qu'on employoit dans les tems de la tyrannie, lorſqu'enfin vous aviez l'intime persuation qu'ils n'éprouvoient ce sort que par esprit de vengeance particulière.

Vous vous disiez, ne craignant pas de vous comparer à la plupart de ceux qui étoient ainsi enlevés, quelle conduite faut-il donc tenir pour être à l'abri de semblables orages? la retraite, la vie la plus ignorée vous parurent le moyen le plus sûr d'échapper aux mêmes outrages; & cependant, en suivant cette route, combien parmi vous n'ont pu se soustraire aux fureurs de la même inquisition; mais nous parlons à ceux qui ont eu le bonheur de rester dans l'oubli, & nous leur demandons quelle a été leur existence? D'eux-mêmes ils faisoient de leur maison une prison, de laquelle ils n'osoient sortir; mais vers le soir, lorsqu'on venoit frapper ou sonner à leur porte, quelle étoit leur situation? Sans doute chaque coup de marteau ou de sonnette étoient pour eux autant de coups de foudre, & avant d'aller à la porte, combien parmi vous ne se livroient pas aux adieux les plus tristes? combien de larmes amères n'avoient pas déjà arrosé le sol de la liberté, qui, cependant, eu égard à vos craintes continuelles, n'étoit que le sol de l'esclavage le plus pénible?

Par une espèce de rafinement, les barbares divisoient l'exécution des nombreuses arrestations qu'ils avoient préméditées, & affectoient dans leurs mesures tyranniques, une espèce de lenteur qui n'étoit que plus funeste pour ceux qu'ils devoient ſacrifier. Ils publioient à l'avance que tels & tels ſeroient arrêtés, mais qu'il en étoit un plus grand nombre qu'ils gardoient *in petto*.

Par ces moyens, ceux dénommés gardoient leur domicile au milieu des allarmes & des pleurs de leur famille ; ceux qui ne l'étoient pas, gardoient pareillement leurs foyers dans l'eſpérance, qu'en ne ſe montrant pas, ils éviteroient la récluſion.

Déjà la ville ceſſoit d'être reconnoiſſable, eu égard à l'activité dont elle avoit joui ſous les premières Adminiſtrations révolutionnaires ; déjà les rues étoient déſertes, & le petit nombre des habitans qu'on y rencontroit, ſembloient étranger les uns aux autres, & ne s'entrevoyoient reſpectivement qu'avec l'œil de la méfiance & de l'abattement.

Ces premières inquiétudes n'étoient que le prélude des autres chagrins que leur préparoient les atrocités qu'on ourdiſſoit dans l'ombre du miſtère.

Les mois d'Octobre & Novembre (*vieux ſtyle*) ainſi écoulés, un nouvel aurore ſembloit naître ſur la Ville d'Arras & devoir y ramener le calme & la juſtice.

Equité du Repréſentant LAURENT.

Laurant, digne Repréſentant du Peuple Français, auſſi ſévère qu'équitable, ne fut pas ſans s'appercevoir, que la plûpart des détentions n'avoit d'autres principes que le jeu des paſſions individuelles ſous le maſque du faux Patriotiſme.

Autant qu'il fût en ſon pouvoir, il écouta les juſtes reclamations des uns & des autres, & d'après les renſeignemens qu'il ſe procura, un grand nombre dut à ſon équité éclairée, le triomphe de ſon innocence & le retour à la liberté.

Si on imaginoit que ceux, qui avoient été aſſez heureux pour faire proſcrire ces actes arbitraires n'avoient plus rien à redouter, puiſqu'un Repréſentant avoit irrévocablement ſtatué ſur leur ſort, on ſe tromperoit.

Car, peu de jours s'écoulèrent, ſans qu'ils ſe ſoient vus expoſés de nouveau aux fureurs des meneurs, ci-deſſus déſignés, de la Commune d'Arras.

Ceux-ci cherchèrent à perſuader, qu'on avoit ſurpris la religion du Repréſentant Laurent; qu'étranger à cette Ville, il ne pouvoit connoître ſes habitans. Ils profitèrent du moment où le ſervice des Armées exigeoit ſa préſence, pour rendre ſans effet les actes de ſa juſtice & réincarcérer ceux qu'il avoit jugé dignes de leur liberté.

Prévoyant le danger auquel ils s'expoſoient en dégradant l'autorité de la repréſentation nationale, par la ſubſtitution de la leur, & en ſens inverſe, ils ſe flattèrent de couvrir l'odieux de leur conduite, en concertant avec Joſeph Lebon, les moyens de conſommer leur perſévérente inimitié.

Joſeph Lebon avoit été momentanément envoyé en miſſion à Arras, pour diſſiper un rassemblement de prétendus Patriotes qui s'y étoient rendus, pour y établir une ligue sous le titre de *Société Populaire Centrale* des trois Départemens, du Nord, de la Somme & du Pas-de-Calais.

On profita de cette mission, pour demander qu'il fût spécialement chargé de tout ce qui pouvoit être relatif à la Commune d'Arras.

On calomnia peut-être Laurent, dans la vue de s'attacher un homme, qui quoique de la même Ville que celle qui a vu naître le traître Robespierre, étoit déjà un de ses esclaves, & sans doute, ce fut par l'ascendant de celui-ci, qu'il fut accordé à cette demande par l'un des Comités de la Convention.

Pour disposer les réincarcérations projettées de ceux élargis par Laurent, voici la manière dont on s'y prit.

En Janvier 1794, (vieux style), Lebon fit convoquer la Société Populaire d'Arras; il y parut accompagné d'une clique infernale composée pour la plûpart d'ex-moines; il se permit d'annoncer, que la plupart des Membres de cette Société ne méritoient pas d'y conserver leurs places; qu'ils n'avoient ni assez de carractère, ni assez d'énergie pour remplir envers la Patrie, les services qu'elle avoit droit d'exiger de leur sévérité.

Se faisant aussi-tôt représenter le tableau, il ouvrit le champ à des dénonciations stimulées, dont il se rendit seul le juge, pour de suite en rayer tous ceux dont les sentimens notoires n'auroient pû s'âllier avec ses projets liberticides.

C'est ainsi qu'il désorganisa & refondit la Société Populaire d'Arras, pour ne la récomposer que de ceux qu'il se persuadoit devoir être comstamment à sa seule dévotion.

Les choses ainsi disposées, il établit un prétendu scrutin épuratoire sur les Citoyens mis en liberté par le Réprésentant Laurent, d'après une liste préparée à cet effet. Là se levoit tantôt un ex-Capucin, tantôt un ex-Oratorien, tantôt un ex-Génovefain, tantôt un ex-Bénédictin, tantôt un ex-Valet, en définitif, un Cureur de puits, &c. &c. &c. Chacun plaçoit son mot, chacun donnoit son épithète; & c'étoit de leur part autant d'arrêts de proscription, autant d'insultes & de contraventions à la justice du Représentant Laurent.

On décida dans cette même séance, qu'à l'avenir on ne pourroit mettre en liberté aucuns des Citoyens incarcérés & à incarcérer, sans l'approbation de Lebon.

On poussa l'impudence, jusqu'à menacer d'emprisonner tout le Comité de Surveillance, si, dans les 24 heures, il ne réintégroit dans les maisons d'arrêt, ceux qui en étoient sortis.

Ce Comité, présidé pour lors par un homme qui craignoit pour lui-même, gascon de nom & d'effet, marchand d'or & d'argent, condescendit à l'ordre impératif, non de la Société, mais de ceux qui en avoient usurpé le nom.

En 24 heures de tems, depuis le grenier jusqu'à la cave toutes les prisons régorgèrent de victimes. Réincarcération.

On perdit de vue les tourmens que les Citoyens élargis de l'Abbatiale avoient enduré (1). On oublia qu'on avoit déjà tout disposé pour les réduire à la vie commune & qu'on avoit imprimé & distribué avec profusion un réglément atroce.

On se plaignit de se voir entassés les uns sur les autres; on sollicita tant pour la salubrité des détenus, que pour celle même des habitans de la ville, d'être moins foulés, mais ce fut en vain. On nous flagorna toujours par de fausses promesses.

Ainsi s'écoulèrent plusieurs décades, toujours bornés à ces vaines consolations, toujours vivant dans l'espoir d'une sortie très-prochaine.

Faciles à persuader, n'imaginant point que des hommes parvenus aux administrations, puissent être aussi corrompus & aussi traîtres qu'on les trouvera, nous nous adressions à eux avec une aveugle crédulité.

---

(1) Un jour, sous prétexte de fouiller les panniers, qu'on enferma dans une chambre où étoient plusieurs émissaires, leur dîner fut retardé jusqu'après de trois heures.

Une autre fois, dans la nuit, la malveillance força un d'eux avec trois hommes, sabre nud, à traverser les chambres & à répandre le trouble & l'effroi, sans respecter le sommeil des détenus & les égards dus au sexe.

Ils abusèrent astucieusement de notre bonne foi, nous ne dirons pas tous, car le Citoyen Effroy est à excepter de ce nombre; qu'il reçoive ici le tribut de la reconnoissance, non pas d'un seul malheureux, mais de milliers d'infortunés qui ont gémi dans les différentes prisons de cette ville! Nous espérons avoir encore occasion de le rappeller à nos Concitoyens; homme vraiment vertueux, vraiment patriote, qu'il est doux pour toi de n'avoir jamais paru au milieu de nous, que pour y porter des consolations!!! (2) A l'exception, disons-nous, de cet être bienfaisant, tous s'étudioient pour agraver nos malheurs. (3)

A cette époque on nous insinua que Joseph

---

(2) Cet honnête Citoyen venoit tout exprès pour autoriser les visites de nos parens & amis.

(3) Témoins 1°. le nommé Lefebvre, ex-commis du gros, personnage violent au-delà de toute expression; ne vomissant que des paroles obscènes, se conduisant envers les femmes d'une manière révoltante; se permettant de parcourir impudemment toutes les chambres, & lorsqu'il rencontroit une personne de son goût, il ne rougissoit pas de lui dire : *Eh bien la telle!.... quand coucherons-nous ensemble?... épouses moi ... & tu sortiras.*

2°. Le Blanchisseur Demaux, bouffi d'une autorité sans bornes, fit conduire aux Orphelines, dans un galatas remplis d'hommes, une jeune Angloise, qui, jusques lors avoit toujours logée seule, d'après les mœurs de son pays. Il la délogea pour la placer avec nombre d'Anglois, malgré sa répugnance notoire d'exécuter ses ordres, &c. &c. &c.

Lebon, qui parcouroit le Département, alloit revenir; qu'il débuteroit par refondre les Autorités constituées; qu'on s'occuperoit des détenus, & que l'épuration s'en feroit à la Société populaire.

Scènes du Club.

Enfin, le moment d'y comparoître arriva; nous l'avions attendu jusqu'alors avec tranquillité, parce que nous le regardions comme le signal de la justice, parce qu'effectivement on nous l'indiquoit comme le jour réservé au triomphe de l'innocence.

Mais l'appareil imposant qu'on mit à venir nous prendre, ne tarda pas à nous désiller les yeux.

Une compagnie de Chasseurs & de Gardes nationaux, annoncée par le son de la trompette & le bruit de la caisse, s'arrêtèrent vers les deux heures aux portes de l'abbatiale.

Là, ils firent halte, chargèrent leurs armes & entrèrent tout-à-coup dans notre prison.

Envain essayerons-nous de tracer ici tout ce que nous fit ressentir une entrée aussi effrayante, tout ce qu'on se rappelle, c'est qu'on vit des femmes tomber en défaillance, des filles se jetter dans les bras de leurs mères éplorées, des pères, des époux éperdus au point de ne pouvoir donner des secours à ce qu'ils avoient de plus cher, n'en recevant eux-mêmes que des Citoyens qui étoient sans aucun parens détenus avec eux, & qui émus, par une scène aussi affligeante, ne pouvoient que se rendre foiblement utiles, quoique n'épargnant aucuns des soins qui dépendoient d'eux.

C'eſt ainſi que les meneurs, au milieu des baïonnettes, firent l'appel nominal des hommes & les placèrent pour les conduire partiellement ſous eſcorte au Club.

Là, on les rangea dans une ſalle particulière, les appellant alternativement, & les faiſant placer ſur un ſiège de bois, élevé à la hauteur de dix pieds, pour être mieux expoſés à la riſée des malveillans & être plus en butte aux dénonciations de toute eſpèce; en le diſpoſant uniquement pour cet objet, on l'avoit nommé *le redoutable Fauteuil*,

Alors tous les inſatiables de crimes, de meurtres & d'horreurs cramponnés à la table de notre fameux Joſeph, ſe levèrent tour-à-tour, s'exhalèrent en propos injurieux. (4)

Aux uns, ils firent un crime d'avoir de l'eſprit; aux autres, d'avoir des talens & des connoiſſances; à la plûpart d'avoir des mœurs & des principes.

Quelques-uns, cependant, obtinrent leur élargiſſement, & deux ſpécialement attendrirent tellement leurs Concitoyens, que ſur-le-champ, on les rendit à la liberté. (5)

Aux ex-prêtres on leur tint toutes ſortes

---

(4) Les ſuites nous ont confirmé dans l'idée que cette ſcène n'avoit été forgée que pour faſciner davantage les yeux du peuple, & l'indiſpoſer en général contre tous les détenus.

(5) Ce furent les Citoyens Stoupi & Lallart-Delbuquière cadet, replongés peu de tems après dans les fers.

de propos ; il y en eut qui, en avouant qu'ils n'avoient été que des imposteurs, des charlatans & des scélérats, parurent, à ce seul titre, mériter leur liberté. Mais ce ne fut pas le plus grand nombre ; un d'eux, entre autres, ne fut élargi que parce qu'il brûla à la chandelle ses lettres de prêtrise, en témoignage de son athéisme.

Cette expédition dura environ trois heures, après lesquelles on nous reconduisit au lieu de notre détention de la même manière qu'on nous en avoit tiré, c'est-à-dire couverts d'opprobres.

Arrivés là, nos premier soins furent d'annoncer aux femmes ce que nous avions éprouvé & de les résigner au courage.

Nous les vîmes aussi partir à leur tour, elles furent escortées comme nous l'avions été nous-mêmes & subirent les mêmes humiliations.

Car les familiers de notre Lebon, qui sembloient avoir épuisé sur nous toutes leurs fureurs, prirent envers elles le tòn amer de la raillerie, & en leur prodiguant à toutes des fadeurs dérisoires, ils dressèrent à l'avance les prétextes qui, par la suite, ont servi de base pour déterminer le meurtre de plusieurs de ces Citoyennes.

A celle qui réunissoient à la jeunesse le sourir des graces & la candeur de l'innocence, ils leurs faisoient un crime de n'avoir pas fréquenté ces bals ; où le désordre qui y régnoit en écartoit tout ce qui avoit des mœurs ; à celles plus avancées en âge, qui n'y avoient assisté que par crainte, ils leur reprochoient d'y avoir occupé la place des patriotes ; à celles, en un mot, qui étoient parvenu à l'âge de repos, ils les inculpoient de même, en les blâmant encore d'être gangrénées du poison de leurs anciennes habitudes.

Voilà ce que ces infortunées nous apprirent lorsqu'elles vinrent se réunir à nous, fondant en larmes.

Pour nous laisser respirer un peu, on parut nous oublier quelques jours, c'est-à-dire, pendant tout le tems que Lebon fut occupé à faire alternativement les mêmes opérations pour les autres prisons de la ville, & à reprendre ensuite ceux des autres prisonniers, qui, par maladie ou autrement, n'avoient pas encore comparu au club.

Après avoir ainsi passé en revue une foule de personnes, il prit encore fantaisie à Joseph de vouloir y rassembler toutes les ex-religieuses qui habitoient la ville. Il leur enjoignit, sous les peines les plus graves, de se rendre à ses conciliabules. Là, il leur tint un langage obscène & inconnu jusques lors à des êtres dont la simplicité des mœurs étoit le plus bel ornement. Il leur fit des promesses, des menaces, il finit par envoyer celles qui ne prêtèrent pas le serment dans la maison de l'abbatiale. Alors, quelques affidés de Lebon s'emparèrent de chacune d'elles, & la garde, à leur exemple,

exemple, les traîna ignominieuſement dans notre lieu de récluſion.

Ces miſérables ont ſans doute cru les punir en les envoyant parmi nous; qu'ils ſe ſont trompés!... à peine y furent elles rendues, qu'on s'empreſſa, à l'envi des uns des autres, de les ſecourir & de leur donner des conſolations. *

Le lendemain il ſurvint des ordres plus rigoureux; on défendit l'entrée du jardin; on afficha un réglement digne du tartufe qui l'a rédigé, & qui depuis, en a éprouvé avec nous toute la dureté. Réglement des priſons.

En conſéquence de ce réglement, approuvé par l'exterminateur de notre déplorable ville, les hommes furent ſéparés des femmes; toutes communications furent interdites.

Un obſcur horloger venoit à tout inſtant inſulter à nos malheurs; il arrêta les papiers publics, défendit toutes communications à l'extérieur, & chaque fois qu'il paroiſſoit, ſa ſiniſtre figure nous préſageoit de nouveaux chagrins. (6)

---

* Aux Orphelines, 9 hoſpitalières de Bourbourg n'eurent dans leurs grabas d'autres litières que de la paille pendant tout l'hiver.

(6) Ce fourbe, nommé Gille, pour anticiper ſur le ravage de nos maiſons, nous inſinuoit de faire venir au plutôt ce que nous pouvions avoir de proviſions; il nous rendit ſes dupes. C'eſt ce qui fut la cauſe de la capture conſidérable qu'on a fait dans toutes les priſons; on

Ce fut encore ce même ouvrier qui vint inſtaller les directeurs, il nous obligea de leur exhiber les billets que nous écrivions pour demander les choſes néceſſaires à la vie ; il nous aſſujettit à laiſſer viſiter nos papiers & tout ce qu'on nous apportoit ; enfin, on nous intima la défenſe d'écrire, celle même de recevoir à manger : c'eſt ſûrement ce qu'on aura peine à croire.

On commençoit ainſi par gradation à nous faire boire le calice amer de la douleur ; nous l'avons épuiſé juſqu'à la lie ! . . . .

Quelques jours ſe paſſèrent dans le reſſerrement d'une plus étroite captivité, tandis que toutes les autorités conſtituées méditoient les moyens d'agraver nos maux & d'indiquer les jours où ils exécuteroient leurs abominables projets.

Ils n'arrivèrent que trop-tôt, ces jours de deuil & de douleur ! . . . .

Première viſite.

Le 8 février 1794, (vieux ſtyle), vers les trois heures de l'après-dîner, nous entendîmes le ſon répété de la trompette & le bruit de la caiſſe ; nous ne ſavions à quoi en attribuer la cauſe, lorſque, tout-à-coup, nous fûmes ſurpris d'apprendre qu'une troupe de chaſſeurs & de gardes-nationaux étoient aux portes de notre priſon.

---

eut grand ſoin de la divulguer avec affectation pour animer le peuple plus facilement contre nous & l'amener à leur exécrable but.

Vers les cinq heures du soir nous entendîmes des évolutions militaires en face de la maison; les portes s'ouvrirent & on commanda à la troupe de charger ses armes.

Des affidés de Lebon présidoient cet appareil militaire; nous étions tous dans nos chambres regardant d'un œil inquiet ces préparatifs effrayans. Nous vîmes cette horde se concerter à la muette, &, tout-à-coup on nous intima ce terrible ordre; *que les hommes passent d'un côté & les femmes de l'autre!* . . . Alors la troupe se divisa en deux pelotons, l'un pour garder les hommes, & l'autre pour empêcher les femmes de les approcher.

Envisageant ce moment comme notre dernière heure, nous ne pensions qu'à rassembler toutes nos forces pour terminer avec courage une vie intacte & irréprochable.

Telle étoit notre affreuse position, lorsqu'un apôtre d'une religion anti-sociale, nommé *Lefetz*, ex-moine, aussi hypocrite que scélérat, s'avançant vers les hommes, en fit venir un, le fouilla, retourna ses poches, & s'empara de tous ses papiers & en fit de même aux autres. Ce brigand poussa la duplicité au point de rendre les porte-feuilles en disant: *qu'il n'en vouloit point à notre bourse.*

Autant en faisoit le nommé *Cavrois*, marchand drapier entre les deux places, assisté du fameux *Carreau*, brasseur. Ils visitoient les femmes avec une indécence qui n'a pas d'exemple, & les dévalisèrent au gré de leurs caprices.

Cette fouille ayant durée environ trois heures, fut suivie d'autres excès.

Lefetz, cet homme qui, comme ses semblables, *n'auroit jamais dû sortir de l'état de mépris & d'abjection où la révolution l'a concentré*, (7) obligea tout le monde de rester dans les cours, s'empara de toutes les issues, y posa des gardes & leur tint ce langage : *sentinelles ! . . . si un de ces b. . . . avance pour entrer, f. . . lui la baïonnette au travers du ventre.*

Nos dignes frères d'armes, qui jusques alors n'avoient pû se refuser d'obéir aux ordres qu'on leur avoit donnés, furent indignés d'une telle rigueur & n'eurent garde de l'exécuter. Ils mêlèrent leurs larmes avec les nôtres ; ils s'offrirent même à venger les cruautés qu'on nous faisoit endurer. Notre soin fut de les appaiser & de les engager à n'en rien faire. Aussi depuis, nous avons remarqué que jamais ces mêmes frères d'armes n'ont reparu à l'abbatiale.

Le but de cet ordre féroce n'avoit pour objet que d'exercer d'autres fouilles dans les chambres & d'en enlever le vin & les autres provisions qui s'y trouvoient.

Pendant tout ce tems, nous restâmes dans la cour au nombre de trois cens personnes, sans autre siège pour nous asseoir que les marches du Péron.

Cette visite intérieure se prolongea jusqu'au

---

(7) Extrait du rapport du Représentant Thibeau, sur les Prêtres : à la séance du 17 Messidor dernier.

lendemain sept heures du matin, que ces ivrognes se retirèrent gorgés des vins & des vivres qu'ils avoient raflés. Tandis que, d'un côté, une femme demandoit un pain, qu'une autre n'avoit d'autres ressources pour rappeller ses forces épuisées, que celles de quelques essences, ces scélérats s'étoient retirés dans la chambre des Citoyennes Grandval, s'y chauffoient à l'aise, & y consommoient les vivres que plusieurs de nous avoient réservés pour le souper.

Le lendemain à pareille heure, même marche militaire, même commandement, même entrée, même ordre contre les détenus.

Deuxième visite.

Lefetz, toujours à la tête, fit avancer un des hommes; lui demanda ses boucles, sa montre, son porte-feuille, son numéraire; il les fouilla tous, les dépouilla successivement & ne leur laissa d'autres vêtemens que ceux qu'ils portoient.

On mit tous ces objets dans des paniers à bras; on n'y attacha qu'une mauvaise bande de papier, ainsi que sur les portes-feuilles; on se contenta de faire semblant de tenir des notes qui ne portoient aucune description des objets enlevés.

On en fit de même aux femmes, & ce nouveau CARTOUCHE, après avoir tout disposé comme il l'avoit fait la veille pour la dépouille intérieure, fatigué des débauches qui avoient accompagné ses premières dilapidations, ne pouvant passer une seconde nuit, chargea les nommés *Carreau* & *Cavrois* d'enlever le reste de nos dépouilles.

A l'exemple de leur Général, ceux-ci prirent tous nos effets, disposèrent en MANDRINS d'une partie de nos literies; déchirent le peu de livres d'histoire & autres dont on nous permettoit l'usage, & apposèrent le scellé sur tout ce qui fermoit à clef. Quant à nos vivres, ils furent perdus pour nous.

Nos représentations, pour qu'il nous fût permis d'emporter avec nous un foible nécessaire, ne reçurent d'autres réponses que la vaine promesse de nous remettre à chacun six chemises, six mouchoirs & six paires de bas (8).

Cette scène dura jusqu'au lendemain matin, & les détenus furent de nouveau exposés à l'intempérie de la saison.

Visite à l'hôtel-dieu. A peine nous avoit-on spolié qu'on se porta à l'hôtel-dieu, où journellement on réléguoit tous ceux qui étoient soumis aux arrêtés des traîtres *St. Just* & *Lebas*.

Là, sans doute, parce qu'on pouvoit soustraire les femmes à la vue des hommes, on les outragea d'une manière plus atroce que par-tout ailleurs.

---

(8) On assure que les captures faites dans les maisons de l'Abbatial, des Orphelines, des Baudets, des Capucins, du Vivier, du Rivage & de St. Vaast, montent à près de 1600 mille livres. Toutes ces maisons, à l'exception de celle de St. Vaast qui est la plus éloignée, sont chacune exposée au jeu d'une batterie redoutable.

On s'attacha particulièrement aux jeunes personnes, qu'on mit presqu'à nud. Une d'elles, dont le père & l'oncle ont péri sur l'échafaud, fut distinguée à raison du traitement affreux qu'elle essuya de la part des mauvais sujets *Carreau*.

Ces abominables ne se contentèrent pas d'insulter à la pudeur de cette jeune Citoyenne & de la mettre hors d'elle-même, elle n'échappa qu'avec peine à leur brutalité; ils ne la rappellèrent que pour glisser des mains criminelles sous le linge qu'elle portoit, eu égard à son tems périodique; ils en retirèrent un anneau qu'elle conservoit comme le gage de ce qu'elle avoit de plus cher. Scélérats!.... Vous qui vantiez sans cesse la vertu de votre parent *Robespierre*, c'étoit donc ainsi qu'à son exemple vous la mettiez en pratique!....

Ces brigands qui suoient le crime, parcouroient jour & nuit les maisons d'arrêt. Coup sur coup ils venoient nous accabler; on eut dit qu'ils préparoient déjà les supplices auxquels nous n'avons échappé que parce qu'enfin la Convention Nationale a été éclairée sur les atrocités qu'on se permettoit, à son insu, dans la ville d'Arras.

Ames généreuses, qui jusqu'ici n'avez pu contenir votre indignation sur le tableau hideux que nous venons de crayonner, ne croyez pas avoir tout apperçu, votre sensibilité doit se préparer encore à d'autres gémissemens!....

Séparation des hommes d'avec les femmes.

A peine étions-nous revenu à nous-mêmes

de cette dernière ſcène, que tout-à-coup s'ouvrent les portes de l'abbatiale. On y voit entrer pêle-mêle Volontaires & Commiſſaires, ſuivis d'une foule de voitures & de porteurs; la caiſſe bat, les Militaires ſe rangent en bataille, les Géoliers enjoignent ſeulement aux hommes de deſcendre ſur-le champ dans une cour particulière. Les femmes éperdues paroiſſent de toutes parts aux fenêtres, & nous crient d'une voix entre-coupée que déjà on leur a ſignifié l'ordre de faire leur paquet, & qu'on leur donne une demi-heure pour être rendues à la providence.

En vain elles nous appellent pour les aider dans leur déménagement, en vain elles demandent à faire leurs derniers adieux à leur père, à leur époux, à leurs enfans: on les repouſſe en notre préſence avec la baïonnette (9).

Pour comble d'effroy, au milieu de ce déſolant ſpectacle, arrivent de la ville pluſieurs femmes éplorées, miſes en arreſtation par ordre du tyran, qui, croyant ſe jetter dans les bras

(9) A cette époque F. Dubois, dépeint d'après nature dans le numéro de la feuille intitulée *la ſentinelle du Nord*, qui, juſqu'alors, avoit paſſé pour le coriphée des adminiſtrations, ſe trouvoit en arreſtations avec toute ſa famille. Il hurloit ſeul dans un coin; un de nous ne put s'empêcher de l'aborder & de lui faire ce reproche: *va pleures, hypocrite, il eſt bien tems lorſque tu as toi-même forgé une partie de nos malheurs.*

de leurs maris pour y trouver des consolations, & cherchant d'un œil inquiet à les distinguer dans la foule, sont impitoyablement repoussées & de suite conduites avec les autres à la Providence.

A la Providence! . . . ce vil repaire de toutes les prostituées, maison destinée depuis long-tems à n'y renfermer que des folles & des personnes rejettées par la Loi du sein de la Société.

Là, on les entassa les unes sur les autres au nombre de cinq cens, local qui pouvoit à peine en tenir 150; là, on les confia à la direction de trois mégères, exercées de toutes manières à servir les caprices de Lebon & de ses infâmes co-opérateurs. Il appelloit, ces intéressantes victimes dit-on, *les toupies* (10).

---

(10) Pour avoir une idée de ces furies, il faut connoître ce que nous ont rapporté les Citoyens POIRIER & MONTGEY nos camarades. Le 24 Thermidor, après un an de détention, & avoir présenté sept à huit pétitions depuis cinq mois à toutes les autorités pour obtenir la remise de leurs effets, ils leur furent enfin remis. Pour cela ils eurent besoin de prendre une Citoyenne à la providence. Le savonneur *Demaux* les y conduisit; en entrant, ils virent des Commissaires prenant des libertés sur ces harpies sous les yeux mêmes de nombre de victimes que la curiosité avoit attiré dans la cour.

C'est encore au vertueux Effroi, qui ne s'est jamais démenti, que ces deux Citoyens doivent la remise de leurs effets.

Scènes affligeantes.

Encore tout étourdis de ce qui venoit de se passer, cherchant à nous rapprocher pour nous donner des consolations & consolider notre courage presqu'abbatu, nous voyons un homme pâle & défiguré, traversant les cours, nous entendons des hurlemens affreux & ces cris redoublés : *Ma femme, ma pauvre femme ! . . . mes enfans, mes chers enfans ! . . . Les scélérats, ils les ont enlevés ! . . . Ils vont les massacrer ! . . . Oui, je n'ai plus rien au monde ; j'ai tout perdu, ma femme, mes enfans, je veux mourir ! . . .*

On vole au secours de cet infortuné (le Citoyen Clément), il renverse dans son premier moment de désespoir tous ceux qui l'approchent, frappe ceux qui tentent de l'aborder & veut se donner la mort. Aussi-tôt les charitables Médecins, qui partageoient notre sort, volèrent à son secours.

Les cris lugubres de ce père désespéré parviennent jusqu'aux oreilles d'un Commissaire qui se promenoit dans le jardin.

Les Médecins lui dirent qu'avec un peu de patience, cela se calmeroit, que c'étoit une crise occasionné par la vive douleur que ressentoit Clément ; mais cet inhumain Commissaire *Gille*, n'en fit qu'à sa tête, prit trois hommes de garde, enleva notre pauvre Clément & le plongea dans un cachot de la prison des Baudets, maison désignée pour tous ceux qui étaient voués sans retour à la mort.

Alors le malade voyant la garde, reprit ses sens, déploya un courage héroïque, traversa ses cours, nous fit ses adieux & dit: *Mes amis, je suis heureux, je vais à la guillotine, & dans un-quart d'heure mes maux seront finis. . . .* Il croyoit qu'on lui accorderoit au moins la grace qu'il demandoit, qui étoit celle de périr de suite; mais cet infortuné vint nous joindre quelque tems après à l'hôtel-dieu, où il éprouva encore des persécutions particulières.

Le portier, qui sembloit jouir délicieusement toutes les fois qu'on nous vexoit, ne put contenir ses larmes sur la situation douloureuse de ce Citoyen, & pour la première fois, il parut enfin s'appitoyer sur notre sort.

Le Citoyen Morgan, Homme de Loi d'Amiens, fut tellement affecté de ce qui venoit de se passer, qu'il en perdit connoissance, & que ce ne fut que le lendeman matin que nous eûmes de lui quelques signes d'existence.

Ainsi se termina la journée employée au déplacement des des femmes.

Le lendemain, plusieurs d'entre-nous étoient dans la cour, lorsque tout-à-coup le furibond *Lefetz* s'étant annoncé par le son extraordinaire de la sonnette, paroît & défend de laisser entrer ni sortir aucune chose, pas même des comestibles, en disant: *que du pain & de l'eau étoient bons pour ces b. . . . . . .là.* Le portier lui observa qu'il n'y avoit ni pain ni eau dans la maison. Cette circonstance ne put le faire désister de l'ordre qu'il venoit de prescrire.

Cependant, vers le midi, un des Directeurs en informa le District. On révoqua l'ordre de rien laisser entrer, mais on conserva celui de ne rien laisser sortir. Chaque jour nous recevions une bouteille pleine de boisson, que nous ne pouvions renvoyer vuides; & les flacons, qui se vendoient alors vingt sols, se touvèrent, à notre départ de l'Abbatiale, appartenir aux portiers.

Départ & arrivée à l'hôtel-dieu.

Quoique nous eussions descendu nos meubles, on nous laissa jusqu'au soir dans l'attente fatiguante de notre départ. Pendant trois jours consécutifs nous fîmes la même opération, & ce ne fut qu'au bout du sixième jour vers les six heures du soir, que nous nous rendîmes à l'hôtel-dieu sous l'escorte d'une garde nombreuse.

Là, nous rejoignîmes les Citoyens détenus en vertu des arrêtés tyranniques de *St. Just & Lebas.* Leur premier soin fut de nous demander si nous avions été dévalisés comme eux : au cas contraire ils nous engageoient à tout cacher. Nous leur fîmes part des vexations exercées à notre égard, qu'ils trouvèrent de point en point conformes à celles qu'ils avoient endurées.

Les jours suivans, vinrent successivement les détenus des autres prisons, qui aussi avoient subi les mêmes outrages.

Translation des détenus des orphelines

Ceux des orphélines nous ont rapporté qu'on les fit ranger dans la cour plusieurs fois, malgré la pluie, au milieu d'une garde imposante: *Carreau & Voisin* qui avoient eu la commission de les dépouiller, furent chargés de leur translation. L'effronté *Carreau*, enhardi par ses impunités, osa les menacer à plusieurs reprises *de casser son bâton sur les reins du premier mâtin qui s'écarteroit de son rang.* La plupart d'entr'eux, qui étoient des Citoyens du Département du Nord, restèrent long-tems dénués de tout; ils ne se soutinrent qu'à l'aide de leurs compagnons d'infortune.

Vainement ils réclamèrent : On leur insinua qu'ils pouvoient écrire chez eux & y demander des secours. Ils écrivoient & plaçoient leurs lettres dans une boîte, qui se portoit à la Municipalité chaque jour, & d'où elles étoient censées extraites pour suivre leurs destination. Aucune d'elles ne parvenoient; cette rigueur se maintint à leur égard pandant plus de quatre mois; il est aisé de juger d'après cela combien ils ont eu à souffrir, & à quelles cruelles inquiétudes on livroit en même-tems leurs familles éplorées.

Alors redoublèrent les arrestations de toute espèce au mépris de la Loi. Lebon fit arrêter toutes les femmes dont les maris étoient déja incarcérés, & tous les maris dont il n'y avoit que les femmes détenues. Chaque nouveau venu étoit le plus souvent mis au secret, attendant que *Carreau* ou autres de son espèce vinssent les dépouiller (11). Nous tâchions de

Les arrestations redoublent : dépouilles des détenus.

(11) On leur enlevoit tout sans en dresser procès-verbal.

lui faire entendre qu'on alloit tout lui prendre, & nous n'y parvenions que très-difficilement (12).

Un jour étant venu à bout d'en avertir deux échappés au secret, nous leur conseillâmes de renvoyer chez eux tout ce qu'ils pouvoient avoir, ils eurent beaucoup de peine à suivre nos conseils, sur le fondement que les autorités constituées venoient de les assurer positivement qu'on n'avoit pris que des bagues aristocratiques à quelques muscadins & muscadines des prisons. Cependant on vint les dévaliser, d'après cela, qu'on réfléchisse! . . . .

Nous fûmes empêché de prévenir un autre Citoyen qui ne fut incarcéré que pour avoir bravé tous les dangers, afin de venir au secours d'un beau-frère sur le point de périr. *Cobriere* qui étoit chargé de l'arrêter, l'engagea de prendre son porte-feuille, sa montre & tout

(12) *Ce Carreau* (en 1789), un jour qu'il étoit mort-ivre, rencontra une patrouille, l'attaqua avec un de ses camarades & en blessa le chef; il fut emprisonné & n'évita la mort que par la protection de son cousin germain, d'exécrable mémoire, Maximilien *Robespierre*, député à l'Assemblée constituante. Ce même *Carreau* toutes les fois qu'il venoit, affectoit de parler de couper des têtes; aujourd'hui, il disoit que quarante d'entre nous devoient y passer; le lendemain, il venoit se promener dans les cours & grossisoit le nombre. Nous étions alors à plus de deux cent cinquante.

ce qu'il pouvoit avoir de précieux. A peine étoit-il entré qu'il lui enleva généralement tous ſans le conſtater, & depuis lors, il eſt reſté dépourvu, même du néceſſaire.

Pour nous faire plus ardemment déſirer le ſéjour de l'hôtel-dieu, on nous l'avoit dépeint comme un azile commode, & pardeſſus tout encore, on nous avoit vanté l'avantage que nous aurions d'y voir nos femmes & enfans récluſes à la providence, dont la maiſon faiſoit face, en partie, à nos murs & diſtance d'une portée de fuſil.

Les premiers jours, on laiſſa approcher des fenêtres qui donnoient de ce côté, bientôt après on en défendît l'accès; on les fit toujours boucher, excepté celles jugées néceſſaires au renouvellement de l'air.

Durs traitemens.

Il étoit tellement défendu d'en approcher, que ſi on y trouvoit un priſonnier, de ſuite nos geoliers appelloient la garde, mettoient le malheureux qui s'étoit laiſſé ſurprendre, au ſecret (13). On nous a aſſuré depuis, que

---

(13) Ce ſecret étoit une cave profonde & humide dans laquelle on reſtoit pendant vingt-quatre heures.

A la providence, c'étoit de petites cazemattes étroites où l'on pouvoit à peine ſe remuer, dans leſquelles on dépoſoit les cadavres. Souvent il arrivoit que ces cadavres ſe vuidoient, on n'avoit pas la précaution de nétoyer les ordures qu'ils dépoſoient, & c'étoit dans ce lieu infâme que les mégères de la providence exerçoient leurs vengeances, y renfermoient de leur autorité privée, celles qu'elles avoient pris en grippe.

les femmes à la providence étoient traitées encore plus durement.

Ce fut alors qu'à travers les fenêtres du grenier nous avons été témoins d'une scène entre Joseph & deux Citoyennes que nous n'avons pu reconnoître; les ayant vu assises sur le rempart dans un endroit où, suivant ce frénétique, elles ne devoient pas être, *il tira son sabre, les en frappa*, & aidé de son dome-quichote *Lefetz*, il les arrêta & conduisit à la providence.

Sommaire d'autres motifs d'arrêt.

Pour justifier ce que nous avons avancé sur l'inconséquence des arrestations, il suffira de citer encore quelques exemples.

L'un fût arrêté par *Carlier* parce qu'il le rencontra le soir sur son passage; un notaire qui périt par la suite, fût emprisonné parce qu'un dindon étoit tombé dans son puits. Il fit appeller, pour retirer cet animal, un nommé Lantillette; cet homme trouva en retirant ce dindon, un petit bras de cheminée argenté, valant au plus vingt-cinq sols, en fit son rapport, & c'en fut assez pour, sur le champ, faire prononcer l'arrestation de cet Officier public, & mériter aussi-tôt au cureur de puits, très connu à Arras, d'être nommé membre du Comité de surveillance. Une Citoyenne fut incarcérée parce qu'elle rencontra malheureusement Lebon en apportant à manger à son frère détenu; ceux-là pour avoir donné quelques pièces de monnoie à une indigente qui demandoit l'aumône, furent séquestrés comme contre-révolutionnaires: un autre saisi au collet par *Duponchel*, Maire à Arras, en passant sur le pont de la Citadelle, pour aller voir des prisonniers de guerre nouvellement arrivés ; plusieurs autres vinrent nous rejoindre parce qu'ils se trouvoient par hazard chez des particuliers qu'on avoit ordonné d'arrêter, ainsi que tous ceux qui se trouvoient dans leur maison.

Après avoir ainsi incarcéré sans quartier hommes & femmes, il restoit encore dans la maison des détenus leurs enfans & leurs personnes de confiance ; ils ne furent pas plus épargnés que nous.(14)

Emprisonnement des enfans.

Nous vîmes arriver de toute part des enfans depuis l'âge de cinq ans, & pour les soustraire à l'autorité paternelle, on leur envoyoit de tems en tems des Commissaires qui tenoient un langage immoral, de sorte que quelques-uns d'eux devinrent par la suite le fléau le plus redoutable de notre prison.

En même tems nous apprîmes par ceux qui arrivoient successivement, que nos personnes de confiance étoient toutes incarcérées à l'abbatiale, qu'on les avoit livrées à toutes

(14) Quand des émissaires venoient pour enlever nos enfans & nos personnes de confiance, ils commençoient par les expulser de nos demeures, leur donnant à contre cœur les effets dont ils pouvoient avoir besoin, & ce n'étoit qu'après leur sortie qu'ils apposoient les scellés hors de la présence des personnes intéressées.

ſortes d'inquiſitions, tant pour découvrir nos effets précieux, que pour les engager à de faux témoignages; ce ne fut que trois ſemaines après qu'ils recouvrèrent difficilement leur liberté. (15)

Toutes ces précautions furent inutiles; la plupart fidèles à leur conſcience reſtèrent inébranlables: il y en eut même qui accompagnèrent jusqu'à la boucherie leurs maîtres infortunés!...

Nouvelles horreurs de Lefetz.

Cependant on ne nous perdoit pas de vue. *Lefetz*, ſoit ivreſſe, ſoit folie, paſſant un jour de Décade du côté de notre priſon, s'ingéra de venir en perſonne réitérer la défenſe qu'il avoit faite de nous apporter à manger, ſous le ſpécieux prétexte que des chaudières placées dans l'intention de réduire les détenus à une vie commune, devoient être miſes en œuvre, mais il n'avoit aucun aliment à fournir pour la nourriture de trois cent cinquante perſonnes, ni la faculté d'y pourvoir. (16)

---

(15) On nous a certioré que Lebon pour ſe ménager l'eſprit des familles de ces bons Citoyens, leur accorda la liberté & leur fit payer une rétribution de vingt-deux ſols juſqu'à ce qu'ils trouvaſſent à ſe placer ailleurs.

(16) Hé! comment l'auroit-il fait, quand les fermiers & autres pourvoyeurs, à l'exemple des voyageurs ſe détournoient & craignoient d'aborder cette deville déſolation!.....

Il fallut donc que la Municipalité, ſur la motion du reſpectable Effroy, l'un de ſes membres, qui avoit la ſurveillance immédiate de quelques maiſons d'arrêts, interpoſa ſon autorité pour faire proſcrire un ordre auſſi barbare.

Le nombre des priſonniers à l'hôtel-dieu, joint à ceux qu'on ſe propoſoit encore d'y entaſſer, fit connoître que ce local étoit inſuffiſant.

Changement de local des infirmes; leur départ.

En conſéquence, un ſatellite de l'abominable *Lebon*, vint prendre les noms de ceux qui avoient plus de ſoixante ans & des détenus moribonds, pour les transférer aux ci-devant capucins.

Ces malheureux, qui croyoient trouver dans ce nouvel aſyle moins de rigueur que dans celui qu'ils durent abandonner à la voix de l'autorité, nous retracèrent encore un ſpectacle qui, juſques-là, nous étoit inconnu.

A peine les vils exécuteurs de cette nouvelle trâme eurent-ils déterminé ce déplacement, qu'ils l'exécutèrent avec une dureté dont ils ſe faiſoient un mérite aux yeux du trop puiſſant *Lebon*.

Difficilement nous les décidâmes à faire venir des fiacres, dans leſquels nous plaçâmes ces viellards reſpectables ſous tous les rapports. (*)

(*) C'étoit les Citoyens,

Blin, l'oncle, âgé de 82 ans. -- Lallart, père, de 80 ans. --Dambrines Deſquerchin, de 76. -- Lavieville, de 75. -- Lafontaine de 74. -- Dambrine, de 75. -- Cré-

Le citoyen Asselin, attaqué depuis plusieurs jours d'une fièvre putride & maligne, & que nos Médecins (Ansart & Toursel) braves gens dont nous avons déjà parlé, regardoient comme agonisant, fut tourmenté comme les autres & transporté sans pitié aux ci-devant capucins, & resta jusqu'au soir du même jour sans recevoir ses literies. Le lendemain ce bon Citoyen y expira.

Le citoyen Mayoult, refusant de nous quitter parce qu'il étoit perclu de tous les membres & qu'il abandonnoit un soutien dans son jeune fils, fut accablé des imprécations les plus atroces. On lui fit toutes sortes de menaces, & l'après-dîner, malgré une pluie d'orage, on le transporta avec ses matelas sur une charette de brouetteur. Il traversa ainsi une partie de la ville, garanti seulement de l'eau par un parapluie. (17)

Tous ne restèrent dans leur nouvelle retraite que trois ou quatre jours : il y en eut même

---

pieux, de 71. -- Marcadey, de 68. -- Lacomté, de 66. --Stoupi, de 61. -- Mayoult, de 60. -- Asselin, de 60. -- Blin, père, de 58. -- Gosse, de 48. -- Prévost Devailly, de 44. -- Caudelier, de 43. -- Lallart, fils, de 38. -- Blin, fils, de 31. -- les frères Arrachart, de 18 & 17 ans. Au nombre de 20 personnes.

(17) Ce respectable Citoyen ignore que son épouse, deux de ses filles & sa cuisinière, ont aussi succombées sous le poids des vengeances sanguinaires de l'horrible Lebon, au grand regret de leurs concitoyens.

qui n'y ont jamais reçu leurs literies, & dont on peut conſéquemment ſe figurer l'horrible ſituation.

On les ramena nuitamment à l'hôtel-dieu & de la même manière qu'ils l'avoient quitté. On choiſit ſans doute les ténèbres pour cette exécution; car leur première tranſlation avoit révolté tous nos concitoyens. Leur retour à l'hôtel-dieu.

Vers les onze heures du ſoir ils arrivèrent à petit bruit du côté de l'endroit indiqué, ſous le nom d'hôpital, ſans reſpect pour l'âge & les infirmités de quelques-uns d'entr'eux. On les dépoſa dans un endroit humide, où il n'exiſtoit aucune cheminée & ſur la pierre. On ne donna à ces malheureux, qui étoient tranſis de froid, d'autres reſtaurans qu'une cruche d'eau.

Quant à nous, retirés comme d'uſage depuis huit heures, dans nos chambres ou greniers, écartés de ce ſoi-diſant hôpital dont on nous avoit interdit toute communication, nous étions bien éloignés de ſoupçonner pareilles atrocités.... Ah! ſi nous avions pu nous imaginer que ces citoyens étoient auſſi maltraités, nous euſſions demandé de voler à leur ſecours, nous les euſſions à l'inſtant réchauffés & placés commodément pour le reſte de la nuit. (18)

(18) Trois d'entr'eux, qui ſont les Citoyens Deſquerchin, Bon-Lallard & Goſſe, moururent dans la même décade, ſans doute des ſuites du peu de ménagement qu'on eut à leur égard.

Ce ne fut que le lendemain matin que nous apprîmes leur retour. Alors, chacun de nous s'empressa de les assister, de préparer les tisannes, de monter leurs lits & de balayer leur emplacement infecté par les latrines qui dégorgeoient. On ne les quitta que lorsqu'ils purent se passer de secours.

Au milieu de tant d'horreurs, on cherchoit encore à nous bercer d'espérances illusoires. Les mêmes émissaires vinrent nous redemander pour la quatrième ou cinquième fois, nos *noms*, *âge*, *qualités*, & les *motifs de nos arrestations*, nous insinuant que cette opération tendoit à accélérer notre sortie : mais le résultat n'en fut pas plus heureux (19).

Epoque des exécutions.

Pour prouver que ces inquisitions avoient un tout autre but, nous dirons que c'est de ce moment que commencèrent les exécutions.

C'étoit toujours vers les quatre heures que se présentoit Tacquet cadet, huissier du tribunal révolutionaire, habillé en coureur, coëffé d'un bonet de police brodé ; il venoit chercher les victimes qu'on devoit immoler le jour même ou le lendemain.

---

(19) Nous avions grandement tort de nous nourrir d'espoir ; car, l'intriguant *Lefebvre*, déjà noté ailleurs, chargé de ce travail, se trouvant un jour environné de *huit à dix de nous*, nous engagea *à empoisonner une partie de nos camarades*, *à les couper en morceaux*, *à les jetter dans les commodités*, *nous répondant sur sa tête*, *qu'il ne pouvoit rien nous en arriver.*

Alors on faifoit appeller clandeftinement les directeurs : on les voyoit parcourir les cours & & les bâtimens, cherchant avec un œil farouche les perfonnes défignées. Chacun trembloit pour foi, on avertiffoit la victime qu'on venoit enlever, en ces termes : *Prens ton chapeau*, *viens*, *on te demande en bas*.

L'huiffier choifi pour confommer ces fatales extractions; fembloit avoir été modèlé tout exprès pour un miniftère auffi odieux. Son œil hagard fixoit à l'avance fes proies & envioit les derniers refte de leur exiftence. Et en effet, avant de les amener au tribunal, il commençoit par s'emparer de tous les objets précieux qu'ils pouvoient avoir, foit en bijoux, numéraire ou billets monnoyés. Sa phyfionomie rébarbative étoit telle, qui feroit difficile de la peindre & d'en trouver fur la furface de la terre une plus propre à terrifier les efprits les plus calmes & les plus courageux. Sa feule préfence imprimoit plus que la mort elle-même, fon ton fépulchral & cadavreux paroiffoit être le cri funèbre de ces phantômes horribles que nous retrace la fable lorfqu'elle nous peint les crimes des miniftres fubalternes des enfers.

Portrait de l'huiffier.

Les premiers appellés furent Souchez, Couronel, tous deux ex-nobles, & Berlette : ce dernier avoit été acquitté. Probablement ce jugement déplut à *Lebon*, puifque le lendemain il fut traduit de nouveau & condamné à la mort, ainfi que les deux premiers l'avoient été la veille.

Il n'eft pas le feul qui, ayant été acquitté,

ait été rappellé en nouveau jugement, ſoit le jour même, ſoit le lendemain, & toujours à la requiſition tyrannique de *Lebon*.

Nous ne nous permettrons aucune réflexion ſur ces ſcélérateſſes.

Après un intervalle de peu de jours on exerça la même & fatale cérémonie envers ſept ex-nobles, qui avoient figuré aux ci-devant états d'Artois. On affecta lors de leur enlévément d'en faire l'appel nominal par leur ancienne qualification, ſavoir : Delannoy, Daix, Dewaſſervas, le ſergent d'Hennecourt, Debaulincourt, Coupigny & Thieulaine.

Malgré les infirmités de pluſieurs d'eux, qui depuis long-temps traînoient une frêle exiſtence, à l'infirmerie, & qui à peine pouvoient ſe traîner, on les arracha de leur lit pour les faire conduire inhumainement ſous l'eſcorte d'une garde nombreuſe, de la maiſon de l'hôtel-dieu en la priſon des Baudets.

Ce ne fut pas aſſez de leur avoir refuſé, au moins aux plus infirmes, des voitures pour ce trajet, qui eſt cependant celui d'une extrémité de la ville à l'autre, on eut la barbarie de ne pas permettre le tranſport de leurs literies, & de les réduire à coucher dans un cachot ſur la paille.

Comme ſi on eut réſolu de leur faire ſouffrir mille morts avant celles qu'on leur préparoit; on les y laiſſa quelques jours, au bout deſquels on les mit en jugement, & on ne le fit enfin que parce qu'ils avoient ſigné en 1789, lors de l'assemblée des notables, conséquemment avant la révolution, une protestation contre tout ce qui pourroit être fait au préjudice des privilèges de la ci-devant province d'Artois. On excepta de cette condamnation Coupigny, l'aîné, par la raison qu'il fut constaté qu'étant alors à Paris, il n'avoit eu aucune part à cette protestation. Thieulaine échappa également.

Le même jour, Blanquart, homme de loi, qui avoit rédigé cette protestation, fut enlevé de la même manière, & paya de sa tête la part qu'il eût, comme conseil à cette rédaction.

Dans la même Décade, on vint appeller Gamonet, Blin, l'aîné, Leroy-d'Hurtebise & Lacomté, à l'occasion d'une liste que la veuve Bataille avoit tenue de tous ceux qui lui donnoient des aumônes; & l'un d'eux comme ayant assisté à la cérémonie d'un mariage consacré par un prêtre constitutionnel, dans la maison de ladite veuve Bataille. Dix-sept femmes furent extraites de la providence, ou de leur domicile, pour la même affaire.

Par un rafinement, qui sembloit devoir être un préjugé certain de leur acquittement, au lieu de les faire conduire à la prison des Baudets, on les ramena, contre l'usage, dans leur maison d'arrêt, & le lendemain on vint les reprendre pour les mener au tribunal, & delà à la mort.

La précipitation de cette prétendue procédure fut telle, que plusieurs de ces vingt victimes furent immolées ſans interrogatoire préa-lable, ſans être entendues, & par cela ſeul qu'elles ſe trouvoient inſcrites ſur une liſte de charité comme ayant donné trois livres. Telle fut entr'autres la citoyenne Tourſel, femme d'un médecin, délaiſſant neuf enfans en bas-âge.

Nous avons appris depuis notre ſortie qu'on exerça encore ſur leurs cadavres des infamies, dont les peuples les plus barbares n'ont jamais eu d'exemple (20).

Comment apprennions-nous le triſte ſort de ces victimes? uniquement par l'enlèvement de leurs effets, ſans aucun inventaire, ſans aucun ordre quelconque.

Le lendemain ou le ſur-lendemain, le citoyen Corbeau, qui avoit été commis aux ci-devant états, vint dans les greniers, ſe jetta dans nos bras, nous fit ſes adieux & partit en ſe recommandant à notre ſouvenir. Cet homme, bien convaincu que vainement il expoſeroit ſa juſte défenſe, dit à ſes juges : *Je ſais que vous avez réſolu ma mort, je m'y ſuis réſigné & n'ai rien à répondre qu'à l'Être ſuprême, qui plus*

---

(20) Le ſoir de cette exécution, les Directrices de la Providence s'emparèrent du vin & des liqueurs de ces dix-ſept malheureuſes. Elles s'enivrèrent & danſèrent une partie de la nuit. Elles renouvelloient ces orgies toutes les fois qu'il y avoit des exécutions ſemblables.

Pour annoncer ces jours de deuil, la Directrice en chef s'exprimoit ainſi ; *aujourd'hui je crache du ſang.*

que vous connoît le fond de mon ame, & qui vengera ma mort & celle de tous les innocens dont vous avez tramé la perte....

Un citoyen appellé Delettrez, arpenteur à Arras, fut mandé peu de tems après comme ſuppoſé avoir acquis une égliſe pour compte d'émigrés; il avoit d'abord été au diſtrict; il nous dit à ſon retour : " Mes amis! quelques „ ſages, quelques bons patriotes que vous „ ſoyez, vous avez un traître parmi vous qui „ révèle tout ce que vous dites, & qui le dé- „ guiſe ſous les traits les plus odieux; c'eſt „ d'après ce qu'il s'eſt permis à mon égard „ qu'on va me ſacrifier. Puiſſiez-vous n'être „ pas victimes! „ ... Le lendemain il nous fut enlevé, & ſubit, comme il l'avoit prévu, la peine de mort.

Chaque jour étoit marqué par de ſemblables enlèvemens, & l'après-midi étoit attendue avec l'effroi de la mort, juſqu'à ce qu'enfin l'heure la plus ordinairement fixée pour ces triſtes extractions fût paſſée. Alors, en gémiſſant ſur le ſort de ceux que la vengeance avoit juſques-là choiſie, on ſe diſoit : voilà donc enfin encore un jour de retard pour nous!...

On ne finiroit pas, s'il falloit rappeller les ſiniſtres évènemens de chaque journée.

On ne peut paſſer ſous ſilence celui-ci : un jour de décade (21) l'huiſſier vint demander

(21) Jour conſacré à la Fête de la bienfaiſance.

les citoyens Marchandise, Boitel, Griffon, Wignan & Lacroix.

Marchandise étoit dans sa chambre, il dit aux directeurs : *Je suis à vous à l'instant, permettez-moi seulement d'aller aux commodités.*

Prévoyant qu'il ne pouvoit être appellé que par l'infâme émissaire du tribunal, il va en effet vers les aisances dont la position lui parut la plus propre à favoriser son évasion. Il escalada les murs, tomba dans un jardin & gagna la rue par la maison y attenante.

Les cris proférés par une Citoyenne qui se trouvoit dans ce jardin, avertirent qu'un prisonnier s'étoit évadé, & firent mettre à sa poursuite nombre de personnes de la ville, & notamment de la garde soldée par Joseph Lebon. La nouvelle s'en répandit sur-le-champ dans la maison. Les directeurs, sous-directeurs, portiers & autres guichetiers, courroient, se précipitoient hors de notre prison, pour recouvrer leur proie. La maison se trouvant sans gardiens, il eût été facile aux quatre autres de profiter de ce moment de désordre avec plus de succès, &, à plus forte raison, si les prisonniers, au nombre de plus de trois cens, eussent conçu le projet de recouvrer, par la fuite, leur liberté.

Mais chacun, fort de son innocence, resta tranquille, même les quatre qui, déjà remis ès-mains de l'huissier de la mort, ne pouvoient se déguiser le sort qui les attendoit. Un silence morne, un calme douloureux, eu égard à la position cruelle de ceux qui venoient d'être appellés, & qui, au surplus, n'étoit autre que cette tranquillité d'ame, qui est le partage inséparable de l'innocence, furent les seuls sentimens que l'on témoigna dans cette circonstance.

Au contraire, chez l'huissier & les autres satellites, le crime se manifestoit, & il étoit tel que, lorsque déjà on avoit la certitude que Marchandise avoit été rattrapé, on compta jusqu'à cinq ou six fois les quatre autres victimes, par différens appels, qui décélant le grand intérêt de les rassembler, annonçoient de plus en plus qu'ils étoient condamnés dès avant l'instruction de leur affaire.

Cependant ces exécutions journalières commencèrent à fatiguer, même la portion du peuple soudoyée; l'effusion du sang sembloit cesser d'avoir à ses yeux quelque attrait. Le théâtre de ces assassinats devenoit désert, nonobstant les efforts de toute espèce de l'infâme Lebon, pour y attirer la foule & même l'y contraindre.

Il ne se déguisoit pas que la continuation de ses forfaits, en ce lieu, pourroit y exciter, tôt ou tard, une révolte générale, dont il deviendroit la première victime.

Pour écarter cet orage, il alla établir à Cambrai un nouveau tribunal : il y fit élever un instrument de mort permanent, parcourut lui-même les campagnes des environs de Bapaume, à la tête d'un détachement de hussards,

Erection d'un Tribunal à Cambrai.

pour y faire arrêter, ſous ſes propres yeux, indiſtinctement tous les fermiers qui n'avoient pas été à ſa meſſe, ou à qui il en vouloit, par des motifs qui n'étoient pas plus ſérieux. Il les ſoumit de ſuite au tribunal de ſang qu'il venoit d'y créer, & qu'il n'avoit composé, ſoit en juges, ſoit en jurés, que des hommes dévoués à ſes vengeances. Il choiſit la nuit pour faire enlever des priſons d'Arras ceux qu'il ſavoit juſtement défendus par l'opinion publique, à laquelle il ne ſe flattoit plus de faire illuſion. Il ne s'occupa enfin que de ſes projets meurtriers, pour donner de l'activité à ſon nouveau & trop ſanguinaire tribunal.

Nous terminerons la juſtification de ce que nous venons d'avancer par le récit du fait ſuivant.

Jean-françois Payen, âgé de 36 ans, fermier à Neufville-la-liberté, où Lebon avoit été *Curé*, l'un de nos compagnons d'infortune, dont le civiſme étoit notoire & n'avoit rien perdu de ſon énergie durant ſa détention; & à qui cet ex-curé n'en vouloit que parce qu'il avoit répugné de ſe lier avec lui, nous a été enlevé vers les onze heurs & demie du ſoir le 6 meſſidor, dans un grenier, au milieu de cinquante perſonnes, pour être auſſi-tôt lié garotté, chargé de fers, & conduit à Cambrai.

Nous avons ſu que l'ordre, en preſcrivant ces attrocités, portoit qu'il y ſeroit rendu à huit heures du matin.

Juſques-là il n'avoit eu la communication

d'aucun acte d'accuſation, ſans doute dans la vue de lui ôter tous moyens de défenſe ; on le mena droit au tribunal révolutionnaire, où, à peine préſenté, il entendit ſon arrêt fatal, & fut de ſuite exécuté ; car, à dix heures du matin, il n'exiſtoit plus. On aſſure que vers le midi du même jour, Lebon partit pour Paris.

Grâces à la juſtice de la Convention Nationale, cet infortuné fut la dernière victime que nous eûmes à pleurer. (22)

---

(22) *État de ceux de la Maiſon de l'Hôtel-Dieu, qui ont péri, ſoit ſur l'échafaud, ſoit à l'infirmerie : ſavoir :*

SUPPLICIÉS A ARRAS.

Souchez, Velu, Lallard-Berlette, Delannoi, Waſſervas, Baulincourt, Daix, Leſergent - d'Hennecourt, Dalbinque, Rulcomte, Lacomté, Lavieville & Dewicq, tous ex-nobles. -- Blancart, Ozenne & Marchandiſe, ex-Hommes de Loi. -- Leroi, Dambrine & Wartel, ex-conſeillers. -- Huſſon, Boſſu, Braſier, Bellanger de Samer, Lefebvre & Merlin, Notaires. -- Gouillard, ex-chanoine. -- Calleau, Bécourt, Ledieu & Lefebvre, Cultivateur. Gamonet, tréſorier. -- Carreau & Dubois, ex-officiers. -- Dupuis, Lallard, père, Vaugelot & Lallard fils, négocians. -- Bouſſemart, Letierce & Dauchez, receveurs. -- Vicogne, imprimeur. -- Delettrez, Arpenteur. -- Boitel & Griffon, ex-huſſiers-priſeurs. -- Wignan, libraire. -- Leſcardé, chirurgien. -- Henri, Corbeau, Debai & Lallemand, écrivains. -- Bonnelle, Domeſtique. -- Lacroix, ouvrier. Enſemble, 52 perſonnes.

EXÉCUTÉS A CAMBRAI.

Caron-Deſains, Beaumont, ex-nobles. -- Delannoy,

Suppression des Tribunaux.

Cependant nos inquiétudes mortelles n'étoient pas encore dissipées, puisqu'onze autres infortunés furent également extraits des prisons d'Arras le sur-lendemain & conduits à Cambrai la veille même du jour, million de fois heureux, où les tribunaux de sang, tant d'Arras que de Cambrai, furent suspendus.

Dans l'intervalle que nous venons de parcourir, il ne faut pas croire que le tribunal d'Arras soit resté oisif; la soif du sang dévoroit trop constamment l'ame de Lebon, pour qu'il ne désignât pas de jour à autre quelque victime; & comme il suffisoit presque toujours d'y être traduit pour être assuré d'une mort inévitable, quelqu'innocent qu'on fût; nombre d'assassinats eurent aussi leur cours jusqu'au moment de ladite suspension, tellement qu'on y compte, dans l'espace de quatre mois au-delà de quatre cens condamnations à mort; le dirons-nous? dans une commune qui a été reconnue, à trois époques différentes, avoir BIEN MÉRITÉ DE LA PATRIE, & conséquemment l'avoir toujours bien servie.

On nous assure que dans le laps d'environ

Olive, Goudemand & Payen, cultivateurs. Au nombre de six.

MORTS A L'INFIRMERIE.

Desquerchin, ex-noble. -- Asselin, ex-homme de loi. -- Gosse, ex-conseiller -- Lallard, père, receveur. -- Degouve, argentier. Au nombre de six.

TOTAL. . . . 64 Citoyens.

six

six semaines, le tribunal de Cambrai a moissonné au-delà de cent cinquante Citoyens.

La stupeur dans laquelle nous n'avons cessé d'être plongés, ne nous a pas permis d'entrer en détails sur chacune des victimes qui ont succombées, encore moins de les classer dans un ordre exact.

Elle étoit telle, que personne de nous, n'eut osé tenir la moindre note. Car, nos actions, nos paroles n'y étoient seulement pas surveillées au seul dessein de nous nuire, mais on vouloit encore y deviner nos pensées les plus secrètes, & s'en faire même un prétexte de dénonciation contre nous.

Nous n'avons donc pu prendre d'autre guide que celui de nos tristes souvenirs & d'une mémoire affoiblie par les scènes douloureuses que chaque jour nous offroit.

Vexation particulière.

Si nous allons parler de quelques vexations particulières, c'est moins dans la vue d'appitoyer sur notre sort, que dans l'intention d'exciter une juste surveillance sur les abus qu'on se permettoit.

Les communications les plus importantes, soit au besoin de nos affaires, soit à l'intérêt sensible que nous avions de connoître la situation des personnes qui nous étoient les plus chères, nous étoient interdites depuis long-tems, au mépris de la loi du 17 septembre 1793, [*vieux style*], & avec plus de rigueur qu'on en avoit observé à la Bastille, dans les tems les plus tyranniques.

Croiroit-on, cependant que la sévérité de nos surveillans, de toutes espèces, renchérissoit à sur & mesure que les dispositions de la Convention Nationale se prononçoient plus favorablement à notre égard, ou que les évènemens devenoient plus importans au bonheur de la France.

En voici la preuve.

Lors de la suspension des tribunaux, nous fûmes plus de quinze jours sans pouvoir en pénétrer le mystère, à raison des plus grandes fouilles qui se faisoient, soit dans nos paniers, soit dans le manger qui s'y trouvoit.

Le jour de la nouvelle qui nous apprit la conjuration de *Robespierre*, *Couthon*, *St. Just* & *Lebas* & de leur supplice, qu'arriva t-il?

Gille & *Lemire*, commissaires aux prisons, se rendent à l'hôtel-dieu vers les dix heures du matin, ont, avec les Directeurs, sous-Directeurs & autres Guichetiers, une conférence secrète, après laquelle ils parcourent la maison, & font boucher en leur présence, toutes les fenêtres qui facilitoient la vue sur quelques maisons de la ville, & qui cependant étoient nécessaire à la salubrité de notre prison.

Cette précaution ne leur parut pas suffisante; ils vinrent ce même jour, contre leur ordinaire, présider à la visite des paniers & de chacun des plats qui s'y trouvoient, n'osant pas s'en rapporter, sur cette perquisition, à ceux qui cependant n'étoient que trop dévoués à leurs ordres inhumains.

Nous le demandons ; quel pouvoit être leur intérêt à nous cacher le triomphe de la Convention Nationale, ſur les infâmes traîtres qu'elle a puni ?... Etoient-ils donc leurs complices, pour nous envier ainſi la ſatisfaction de partager, à cette occaſion, l'allégreſſe de tous les bons François ?... Ils nous connoiſſoient donc pour de vrais patriotes, puiſqu'ils prévoyoient la joie que nous en euſſions reſſentie, & que nous en avons éprouvé dès l'inſtant que nous en avons été inſtruits.

Nos Geoliers ne tenoient pas à notre égard une conduite moins odieuſe. [23]

Dans les plus grandes chaleurs, ils nous défendoient de prendre de l'eau au ſeul puits qui en fourniſſoit de la bonne. Ils nous obligeoient de venir le matin, depuis huit heures juſqu'à

---

(23) *Lebon*, cet horrible monſtre, toujours heureux & recherché dans ſes choix, nous avoit donné pour Directeur en chef, un ſonneur pour les morts !... un ci-devant bedeau,... & pardeſſus tout, un Savetier, *de ſon ſtyle.* (Expreſſion noble du pays.)

Nous ſerions injuſtes, ſi nous ne faiſions pas connoître la conduite vertueuſe, humaine & généreuſe de la Citoyenne Marie-Joſeph Chevalier, femme de Duqueſne, notre ſous-directeur ; ſans ſe démentir un ſeul inſtant ſur les devoirs pénibles impoſés à ſon mari, ſans les enfreindre, ſans y mettre d'autre intérêt, que celui d'obliger les malheureux, il n'eſt aucun priſonnier, abſolument aucun, à qui elle n'ait rendu ſervice ; plusieurs même doivent à ſes ſoins, à ſes égards, à ſon économie & à ſon déſintéreſſement rare, leur exiſtence.

neuf, remplir nos cruches, & la plupart n'en avoient pas jusqu'au lendemain à la même heure.

Nous avons appris qu'à la Providence le puits resta trois jours sans corde, & que pendant tout ce tems, on fut obligé d'apporter de l'eau du dehors; & que lorsqu'on en demandoit dans les maisons voisines, on en refusoit par cela seul que c'étoit pour des détenus, & qu'on craignoit que Lebon en eût connoissance.

Quand on nous apportoit dans les tems de la plus grande disette, nos portions, qui étoient à peine suffisantes, & que nous partagions avec les indigens & les Citoyens qui ne pouvoient en avoir de chez eux, parce qu'on avoit chassé & molesté leurs personnes de confiance, nos Portiers les entamoient encore. (24)

A la Providence, les furies qui singeoient nos cerbères, les surpassoient au point que vers les derniers tems de notre détention, on donna la consigne au corps-de-garde de surveiller les Directrices & Portiers.

Enfin, nous étions nommés tour-à-tour de corvée pour nettoyer la maison, les cours, les lieux d'aisance & autres cloaques; & les

---

(24) Pour ce faire, ils avoient établi une double porte, au moyen de laquelle ils en soustrayoient; sous peine d'être mis au secret, il nous étoit sévérement défendu de ne recevoir nos paniers des mains de ces gens qu'à la distance de tout au plus 10 à 12 pieds de cette double porte.

Directeurs, qui commandoient, venoient jouir, avec le fourire de l'infulte, ou par des propos fcandaleux, de l'état d'abjection auquel ils nous réduifoient.

Déjà nous avons fait connoître que dans nos retraites nous y étions environnés d'efpions; ce n'étoit pas affez. Nos gardiens avoient également le même rôle à jouer. Il fuffifoit qu'ils puffent nous rencontrer avec tel ou tel individu, pour qu'ils fe permiffent de nous placer fur des liftes de profcription, qui fe concertoient criminellement entr'eux & les commiffaires, dont, pour furcroit de malheur, le choix avoit infecté nos prifons.

Nous n'ofons pas donner ce dernier fait comme certain; il eft poffible que ces liftes n'aient été demandées qu'à l'occafion des renfeignemens que les Commiffaires puifoient contre nous dans les fources les plus impures, & qu'elles ne fuffent données par lefdits gardiens qu'au feul titre d'obéiffance; nous nous plaifons à le croire ainfi, d'après l'anecdote que nous rappellerons en dernière analyfe.

Plufieurs de ces liftes de profcription avoient déjà fervi à traîner à la boucherie nombre d'innocens; mais il en étoit une qui comprenoit quatre-vingt-fept Citoyens de la maifon de l'hôtel-dieu, & dont le tour étoit d'y paffer dans la même décade que les tribunaux d'Arras & de Cambrai furent fufpendus.

Quoiqu'il en foit, les vexations dont nous avons rendu compte, avoient auffi pour but le projet affreux de renouveller dans nos réclusions, les horribles journées des 2 & 3 ſeptembre 1792, (vieux ſtyle).

A force de rigueur, on ſe flattoit d'aliéner nos eſprits & d'y exciter quelque ſoulèvement; mais il n'y avoit parmi nous que des citoyens tranquilles, qui, forts de leur innocence, ſe flattoient conſtamment que le jour de la juſtice luiroit ſur eux.

Notre patience dérangea le calcul de nos perſécuteurs; ils affectoient de faire courir, de tems à autre, le faux bruit que nous étions en inſurrection.

C'eſt d'après cette calomnie qu'ils ſe préſentèrent nuitamment à l'hôtel-dieu, à la tête d'un détachement nombreux, & qu'ils s'annonçoient au Directeur comme venant à ſon ſecours & dans l'intention de le venger de notre révolte.

Celui ci répondit : "que jamais il n'avoit „ eu la moindre occaſion d'être inquiet; que „ tous les priſonniers étoient couchés & en„ dormis, & que lui ſeul coucheroit au mi„ lieu de nous ſans l'ombre de la plus légère „ crainte. „

Sur les doutes qu'on lui manifeſta, il les engagea à entrer à petit bruit & à ſe placer dans les divers cours.

L'eſpérance d'entendre quelque mouvement ou quelque bruit, fit accéder les meneurs de cette troupe à ſa propoſition.

Le détachement entra à la ſourdine, chacun

prêta l'oreille la plus attentive & n'entendit rien.

Les ſoldats citoyens ne purent s'empêcher de s'écrier qu'on les trompoit indignement, & à la prière du directeur, on ſe retira dans le ſilence.

Ce n'eſt que long-temps après que nous avons eu connoiſſance de cet évènement (*)

Si cependant le hazard eut rendu quelqu'un de nous incommodé, & eut excité les ſecours de ſes compagnons, il n'en eut pas fallu d'avantage pour diriger les armes de nos concitoyens contre nous.

CITOYENS,

Le tableau que nous venons d'eſquiſſer des horreurs que vos concitoyens ont éprouvés dans le ſéjour de mort où ils ont été ſéqueſtrés, & où leur continuité de ſupplices les a rendus plus à plaindre que ceux qui ont été victimes ſur l'échafaud, vous tracent les dangers que vous avez tous courus, puiſque de quelque parti que vous fuſſiez, les caprices

(*) *Nota*. Depuis le changement des choſes, nous avons appris qu'on remettoit aux détenus des lettres qui leur ſont adreſſées depuis ſix mois, & relatives à des affaires eſſentielles, & qui pour leur fortune & leur tranquillité, ainſi que pour celles de leurs familles, exigeoient prompte réponſe.

de Lebon & de ses satellites vous atteignoient.

Si, d'une part, il vous offre les maux qu'entraîne le torrent de la calomnie & de ces dénonciations obscures, qui n'étant que verbales, soustraient souvent leurs auteurs à la sévérité des loix ; s'il vous prouve à quel point les droits de l'homme & la propriété des biens ont été violés par ceux qui avoient été institués pour les défendre ; d'une autre part, il vous met en état d'apprécier ce qui convient à votre garantie contre de semblables tyrannies, & sans doute il n'est aucun de vous qui ne se dise : " Voulons nous sérieusement être heureux & „ paisibles, ne choisissons à l'avenir pour „ Législateurs, pour Administrateurs que des „ hommes probes, justes & instruits ; n'ayons „ d'autre ligue que celle qui conduit à ce „ choix digne du vrai Républicain, & ne „ perdons pas de vue que :

Celui qui met un frein à la fureur des flots,
Sait aussi des méchans arrêter les complots.

Maison d'arrêt, dite hôtel-dieu, à Arras, le 15 Thermidor, deuxième année Républicaine.

Signé, POIRIER & MONTGEY,
Citoyens de Dunkerque.

PIÈCES JUSTIFICATIVES.

L'AN second de la République Françaiſe, une & indiviſible, le ſept Fructidor, neuf heures du matin, en exécution de l'Arrêté de l'Adminiſtration du Diſtrict d'Arras, du jour d'hier, pris d'après une Lettre du Repréſentant Florent Guyot, écrite de Boulogne-ſur-Mer, le cinq de ce mois; nous, Antoine Cornille, Adminiſtrateur du Diſtrict d'Arras, nommé Commiſſaire, par l'Arrêté ſuſdaté, accompagné de Roch-Joſeph Rouſſeau, Notable, & du Citoyen Joſeph Cabaret, Officier Municipal & Antoine Noël, Membre du Comité de Surveillance de la Commune d'Arras, nous ſommes tranſportés en la maiſon de détention, dite l'Hôtel-Dieu, pour, conformément à l'Arrêté ſuſdaté, entendre les détenus, *ſur les actes arbitraires, vexatoires & tortionnaires*, dont ils ont été victimes, de la part de certains Commiſſaires, ainſi que pour nous enquérir de la manière avec laquelle les Directeurs, Sous-directeurs & Adjoints, ont traité leſdits détenus, & ſavoir s'il ne s'eſt commis aucun abus de pouvoir, & ſi leur conduite a été dictée par l'humanité.

Un Citoyen, de tous les détenus, a déclaré que la Citoyenne Duqueſne, femme du Sous-directeur, s'eſt comportée avec tous les égards, l'humanité & la douceur poſſible, qu'elle a fait tout ce qu'elle a pu pour alléger leur captivité; que dix à douze étrangers détenus & dénués de toutes reſſources, doivent leur vie à ſes ſoins, que, malgré ſa groſſeſſe, elle a pouſſé l'humanité juſqu'à paſſer les nuits à laver leur linge, & qu'elle a même refuſé toute rétribution, & qu'elle répondit à ceux qui vouloient la récompenser, qu'elle a même voulu se charger des jeunes enfans qui avoient besoin des soins des femmes.

Tous les détenus ont déclaré que le Directeur & Sous-directeur se sont renfermés dans l'exécution stricte du réglemeut barbare sous lequel ils vivoient ; que si ces Directeurs ont été les agens de quelques vexations, ils n'ont fait qu'obéir aux règles & aux ordres barbares de quelques Commissaires plus barbares encore.

Alors tous les détenus ont déclaré que les Commissaires Gilles, Demaux & Lemire, n'ont marqué leur présence & leur visite, que par la conduite la plus despotique & la plus sanguinaire, qu'ils n'ont proféré que des paroles de sang ; que toujours ils se sont fait un plaisir de nous précipiter dans le désespoir le plus affreux, que lorsque quelques détenus exposoient leurs besoins, demandoient quelques comestibles, pour se soutenir dans leurs maladies, lesdits Gilles, Demaux & Lemire, avoient la scélératesse de répondre en despotes, *du pain & de l'eau suffit pour vous scélérats* ; que toujours Demaux Commissaire de nuit, & presque toujours ivre, qu'alors, à grands coups de pieds, il fonçoit les portes des chambres, sous prétexte de voir si nous y étions ; que les mêmes Commissaires, en fouillant & spoliant les détenus, poussoient l'indécence à l'indignité, *jusqu'à faire défaire les culottes, & se permettre les indignités les plus révoltantes.*

Le Citoyen Béthune fils, Hubert Enlart & Aimable, ont déclaré que le Citoyen Duchef les a transféré dans une cave humide ; les déposans, que, sur leur demande, pour avoir une couverture, il l'a refusé formellement ; & que, lorsqu'ils demandoient à sortir, il leur répondit, *si vous ne vous taisez, on vous mettra la corde au col, & vous serez promené dans les cloîtres, pour donner l'exemple.* Il leur a également refusé un pot de nuit, en leur disant, *fais dans ton bonnet.*

Tous les détenus ont déclaré que deux époques particulières ont ſignalé la malveillance criminelle des Commiſſaires, ſoit contre les détenus, ſoit contre la Convention elle-même ; car, lors de la ſuppreſſion du Tribunal ſanguinaire d'Arras, à raiſon de leur précaution, ils furent plus de trois ſemaines, ſans avoir la certitude de cet Arrêté, ſi important à leur tranquillité. Lors de l'arrivée de la nouvelle du triomphe de la Convention, ſur le ſcélérat triumvirat, & de la punition de ces monſtres, dans la ſeule vue de nous ôter la ſatisfaction de partager l'allégreſſe de la France, ſur ce grand évènement, ils ſe rendirent, vers dix heures du matin, en cette maiſon, après une conférence ſecrète avec le Directeur & autres ſurveillans de cette maiſon, ils la parcoururent & firent boucher, en leur préſence, toutes les fenêtres qui avoient vue ſur la rue, quelque néceſſaire que fut l'ouverture à la ſalubrité de l'air, contre leur ordinaire, ils affectèrent de ſe rendre à l'heure du dîner, à l'effet de faire viſiter les paniers & les plats, de crainte qu'on ne nous fit parvenir cette nouvelle. Quel intérêt y avoient-ils ? C'eſt aux autorités à l'apprécier.

Les détenus ont auſſi déclaré que les Concierges leur ont refuſé de l'eau *dans les plus grandes chaleurs* ; cet acte de rigueur n'a duré que treize jours.

Le Citoyen Bacqueville père, a déclaré que, trois jours après ſon entrée à l'Hôtel-Dieu, Demaux, accompagné du Directeur & Sous-directeur, eſt venu, à minuit l'éveiller, & lui a enlevé un flacon de vin, du ſucre, de l'eau-de-vie, en petite quantité, c'eſt-à-dire, un flacon, quoique l'état dudit Bacqueville lui rendit les choſes indiſpenſables, ce, malgré ſes réclamations.

Le Citoyen Bacqueville fils, a déclaré que ledit Demaux lui a demandé, en ſortant de la chambre de ſon père, & après avoir fouillé ſon porte-manteau, prit une culotte de peau, un pentalon, ſous prétexte de couvrir un Défenſeur de la Patrie, & que ces effets-là ne lui convenoient pas en priſon ; que dans cette culotte il y avoit quelques assignats & quelques livres de riz & sucre candi ; que pendant cette fouille, à la suite d'autres inventions, il lui a demandé s'il étoit de la hauteur de ne point craindre la guillotine, & que ledit Bacqueville, lui répondant à cette injure, il le menaça *de l'envoyer à la prison du Rivage, disant qu'il n'y resteroit pas long-tems, & qu'il le feroit guillotiner*; ledit Demaux a aussi enlevé, audit Bacqueville, différens livres anglais & d'autres livres; les deux Bacqueville ont été mis trois jours aux arrêts, par les ordres dudit Demaux.

Le Citoyen Morgan a déclaré que Demaux ne se présentoit guères que dans un état d'ivresse, il s'enflammoit à la moindre objection, tyrannisoit les détenus, & n'avoit que *le mot guillotine à la bouche.*

Il vint un jour qu'il étoit ivre, me trouver, non pas dans ma chambre, mais dans un trou, qui comportoit à peine un lit & une chaise, que Demaux dit, comment tu es seul ici, oui, tu vas loger Toursel, il faut au moins que tu me démontres la possibilité de placer un second lit; tu répliques, *ta tête demain tombera.* Un instant après il me trouve dans la chambre de Dubois, il m'en chasse ignominieusement. Je l'ai vu, se frottant les mains & riant, d'un sourire barbare, dire, allons, *voilà encore une petite tête qui va cracher dans le sac, c'est toujours autant.*

Lefebvre-Dugros, s'emportant, en ma présence & en celle de Triboulet, Demadre, Raimbaulx & autres, dit, en propres termes: *vous êtes ici une cinquantaine de patriotes, foutez-moi ces sacrés bougres d'aristocrates en déroute, coupez-les par morceaux, empoisonnez-les, jettez-les dans les commodités, & je réponds de tout, & il insista avec les plus horribles imprécations.* Je me retirai, en frémissant. Gilles ne nous traitoit que de conspirateurs, de traîtres, d'Autrichiens; il donnoit les ordres les plus tyranniques, & toujours avec cet air sombre, qui, en dénotant un monstre, inspire la terreur.

Le Citoyen Baudet a déclaré que le Citoyen Danel,

appellé pour le panser, & après avoir vu le malade, fit son rapport, par écrit, au District, en disant que le malade est incurable, & que d'ailleurs, *c'étoit un aristocrate & un scélérat*, qu'il ne chercheroit qu'à se sauver, & qu'harcelé par le Directeur, pour venir voir l'état déplorable dudit Baudet, Danel donna des ordres, après quinze jours, une ordonnance insignifiante, & il ne parut plus; cependant ce prétendu malade incurable fut guéri par les Citoyens Ausart & Bec, Médecins.

Michel-Joseph Vigreux, de Dunkerque, a déclaré, qu'allant aux Orphelines, au moment de la translation, il fut appellé dans une chambre où se trouvoient plusieurs Commissaires, notamment Voisin & Carreau, & sommèrent très-brutalement, de leur remettre son porte-feuille, qui, le leur ayant remis, un soldat de la police le fouilla, jusques sur la peau avec toute l'inhumanité possible.

Qu'au moment du départ, *Carreau* dit aux détenus, entourés de baïonnettes, *que le premier mâtin qui bougeroit de son rang, il lui casseroit les reins*; qu'un Cultivateur vieillard, s'étant apperçu qu'il pleuvoit, se rendit à sa chambre, pour prendre sa capotte, Carreau le fit chercher, & l'entraîna, par le col, dans les rangs, en lui faisant mille menaces, les unes plus insultantes que les autres, au point que le déposant ne put s'empêcher de lui témoigner son indignation; que chemin faisant, il dit, hautement, *que tous ces bougres iroient plus vîte à la guillotine*, afin d'exciter le public contre nous; qu'arrivé à l'Hôtel-Dieu, ledit déposant y fut inhumainement visité. Quelques jours après notre arrivée à l'Hôtel-Dieu, Carreau & d'autres, vinrent faire une fouille au jardin voisin, plusieurs détenus étoient assis près de la croisée, il leur cria, *retirez-vous, b . . . . . ou je vous fous un coup de fusil.* Quelques jours après, les Directeurs vinrent clouer leur croisée, la principale du grenier, quelque tems après cette croisée fut ouverte; mais un jour, une écaille d'œuf, qu'on avoit jetté par les fenêtres, s'étant reposée sur la muraille du jardin occupé par Cobrière, aussi-tôt cette croisée fut fermée, & resta ainsi tout l'été, sans qu'aucune réclamation des détenus ait pu en obtenir l'ouverture; c'étoit cependant elle qui renouvelloit l'air du grenier, & il en résulta, par la chaleur, des maladies, dont je fus une victime. Eloigné de mon domicile, de trente lieux, je m'adressai au Directeur, pour savoir comment je pourrois parvenir à blanchir mon linge, celui-ci dit que cela ne le regardoit pas; je m'adressai au Commissaire, qui m'a dit qu'il viendroit un blanchisseur, que je n'ai jamais vu, se succédèrent à Demaux, Lemire & Gilles, à qui je fis les mêmes réclamations, & je n'ai pu parvenir à avoir mon linge blanchi, de sorte, que je me suis trouvé obligé de rester vingt jours avec la même chemise, étant sans ressources, au pain & à l'eau & sans souliers, depuis deux mois; je m'adressai à Gilles, pour lui demander comment je ferois pour pouvoir me procurer des fonds de chez moi, il me dit, tu ne peux pas avoir de l'argent, arrange-toi avec un traiteur. J'écrivis onze lettres, par la boëte, aucune n'arriva à sa destination; je m'adressai à Gilles, en lui exposant ma situation déplorable, je le priai de vouloir bien mettre une lettre à la poste, en lui observant qu'aucune des onze que j'avois écrite n'avoit été expédiée, il me répondit, d'un ton le plus brutal, met la douzième à la boëte & elle arrivera; ce qui fut faux; enfin, malgré les menaces faites par le Directeur, de dénoncer au Tribunal Révolutionnaire le premier qui feroit passer un billet; je fis passer celle au cul d'une assiette, une petite prière pour la maison, voilà comme j'obtins de l'argent. Sans souliers, ne pouvant pour ainsi dire, sortir de mon lit, j'écrivis au District, pour demander, ou que l'on écrivit chez moi, ou que l'on en demanda pour moi, jamais je n'eus de réponse, ce qui fait croire que cette lettre fût encore retenue par ceux qui ouvroient la boëte. De tous côtés de la maison, on ne vit que des affiches qui menaçoient du secret, plusieurs en ont été victimes & jettés dans une cave, quelquefois à dix heures du ſoir; voilà ce que j'ai éprouvé en grand, ſans parler des autres petites vexations.

Le Citoyen Lefebvre, Tourneur, rue des trois viſages, a déclaré qu'il a été indignement traité par les nommés Carreau & Voiſin, lors de ſa tranſlation des Orphelines en cette maiſon, que ces hommes de ſang nous atterroient, mes camarades d'infortune & moi, par leurs menaces en tous genres; à chaque inſtant, ces monſtres diſoient, *à la guillotine, ces bougres; oui, ils iront tous à la guillotine, perſonne d'eux n'échappera.* Enfin, il ſeroit difficile de compter les horreurs dont ces ſcélérats ſe ſont ſouillés; dans cet inſtant ils excitoient le peuple contre nous, ils avoient eu ſoin de faire ouvrir la porte de la maiſon des Orphelines, ils nous tinrent là très-long-tems, par une forte pluie, en but à tous les ſarcaſmes & les expreſſions les plus infernales, d'une portion de public qu'ils avoient cruellement émus. La garde dont on s'étoit ſervi pour nous conduire, & qui étoit d'un bataillon étranger, alors de garniſon en cette ville, ne ceſſoit de nous plaindre, ils euſſent voulu, ces braves guerriers, nous venger: on les entendoit dire, hautement, *mais quels ſont donc ces monſtres, en parlant de Carreau, Voiſin & autres qui nous accompagnoient*; ces derniers levoient leurs cannes, & aſſuroient que nous allions recevoir des coups de triques de leur part.

J'omettois d'obſerver qu'après avoir été indignement fouillé, je le fus de nouveau à la porte du ſallon de l'Hôtel-Dieu.

Bon Mari, Céſar Hardouin, déclare que transféré des Orphelines, pour venir à l'Hôtel-Dieu, il a été traité de la manière la plus féroce, par les nommés Voiſin & Carreau, Commiſſaires; ces hommes, ſi on peut les appeller de ce nom, m'ont fait fouiller, ainſi que tous les malheureux, deſquels j'étois de la manière la plus indécente, ils nous ont enlevé tout ce que nous poſſédions, ſoit argent, ſoit aſſignats, ſoit enfin les papiers & titres intéressans dont nous pouvions être garnis.

L'infâme Carreau ne rougissoit pas *de nous ôter lui-même les culottes* ; je ne dis pas trop, au moins, quant à moi, car il me *les a réellement défait* & assaisonnoit toutes ces horreurs de propos infernaux, qui font dresser les cheveux à la tête ; mes bougres, crioit-il, en fureur, *vous irez tous à la guillotine, pas un, pas un n'échappera* ! ils éclatoient de rire en-tr'eux, ils nous faisoient ranger dans la cour, comme des bêtes de somme, affectoient de nous compter & de nous recompter, cherchant à exciter contre nous le public qui étoit là, ils avoient fait ouvrir les portes, à effet de le ramasser ; Carreau, sans respect pour la vieillesse, se conduisit, on ne sauroit plus inhumainement, à l'égard d'un homme très-âgé, Cultivateur des environs d'Arras, cet infortuné ne paroissant pas aussi-tôt, à cause de ses infirmités, que le vouloit ce Carreau, celui-ci fondit sur lui & l'accabla des inventives les plus grossières.

Tous les détenus se sont accordés à déclarer que ce Carreau est celui qui a épousé une Malpaux.

Tous les détenus ont en outre déclaré que ce traitement leur a paru d'autant plus dur, qu'ils n'y étoient point accoutumé ; lorsque le Citoyen Effroy les visitoit, & que le Citoyen Effroy s'est toujours comporté en exact observateur des devoirs de sa Commission & avec toute l'humanité possible.

Le Citoyen Frassenne-Auguste Demoulin, a déclaré que Demaux lui demanda un jour où il avoit mis quelques couverts d'argent qu'il lui avoit vu, & sur l'observation que lui fit le déclarant, que ces services étoient encore au domicile dudit Demoulin, Demaux le fit mettre au secret pendant vingt-quatre heures, avec les injures les plus révoltantes, & que de cette inquisition est résulté l'arrestation de deux Citoyens, qui ont été détenus trois mois, ce qui double la peine du déposant.

Le Citoyen

Le Citoyen Desmaretz a déclaré que, lorsqu'à l'Abbatiale, Lefetz Vice-Président & Demaux, l'ont obligé à remettre, étant à l'Abbatiale, ses montres & son porte-feuille, & il a été fouillé de la manière la plus indécente, par ledit Demaux, & que ledit Lefetz a refusé de tenir état de son porte-feuille, ou au moins de le cacheter, il n'a répondu à ses instances que par des menaces; qu'ayant été grièvement blessé à l'Hôtel-Dieu, le déclarant a, inutilement, réclamé des remèdes, quoiqu'il en fût demandé, & au Chirurgien Danel & au Directeur Duchef, & quoiqu'il eût remis différens billets pour obtenir ces remèdes.

Demaux a, arbitrairement, arraché une Anglaise à la maison de l'Abbatiale, parce qu'elle lui avoit fait des réclamations, & l'a fait conduire aux Orphelines, avec ordre de la faire coucher au grenier, & sur la paille; couvrant d'imprécations les détenus qui le priaient de permettre de partager leur couche, revint à minuit, pour savoir si son ordre étoit exécuté, & s'ayant trouvé dans une chambre où on lui avoit donné asyle, il l'a fait conduire au grenier, en l'accablant d'injures & ceux qui l'avoient reçu. Il nous a été observé, par un autre détenu, que l'enlèvement de leur porte-feuille a été d'autant plus funeste à la plupart, & notamment au Citoyen Mongey, déposant, qu'il la privoit des pièces justificatives de sa conduite & de son innocence, il l'a privé, par cela même, de la faculté de réclamer ses pièces, la justice qui lui est due, puisque depuis il a réclamé, vainement la remise de ses mêmes pièces.

Nous nous sommes transportés à l'Infirmerie, où nous avons trouvé le Citoyen Stoupi, qui nous a déclaré que, quoique malade, il a vécu au pain & à l'eau, & qu'aucune des réclamations qu'il a faites n'est parvenue aux Autorités Constituées, & que ledit Stoupi, quoique travaillé de la dissenterie & dans un état affreux, *n'a jamais eu qu'une seule paire de draps.*

Le Citoyen Lafontaine, de la Commune de Verton, Diftrict de Montreuil, aveugle & infirme, détenu depuis cinq mois, dénué de tout fecours, n'a dû la vie qu'à la bienfaifance de fes compagnons de malheur. Nous avons trouvé le Citoyen Alexis-Benoît Blin, âgé de quatre-vingt-deux ans, détenu depuis fept mois, n'ayant dû fa fubfiftance qu'à fa compagne de ménage.

La feule plainte que nous aient faite les détenus malades, & que, lors de leur tranflation des Capucins à l'Hôtel-Dieu, où l'on a laiffé dans la ci-devant chapelle, *pendant vingt-quatre heures, fans feu quoiqu'il y ait eu parmi eux des moribons.*

Le Citoyen Verbier nous a déclaré, qu'après avoir été acquitté par le Tribunal Révolutionnaire, il a été condamné à la détention, comme ci-devant noble, & qu'on a eu la barbarie *de le laiffer trois mois dans les cachos de la prifon dite Saint-Vaaft, quoiqu'il foit âgé de foixante-quatorze ans.*

Le Citoyen Hardouin père, infirme, âgé de foixante-treize ans.

Fait en la Chambre Commune de la détention, dite l'Hôtel-Dieu, les jour, mois & an fufdit, & avons figné. *Signé*, Antoine Cornille, Cabaret, Rouffeaux & Noël; pour copie conforme, *figné*, Hovine, avec paraphe. (*)

Nous, Maire & Officiers Municipaux de la Commune d'Arras, certifions, à qui il appartiendra, que le Citoyen Hovine, qui a figné ci-deffus, eft tel qu'il fe qualifie, & qu'à fa fignature foi doit être ajoutée, tant en jugement que dehors.

A Arras, en la Maifon Commune, le vingt-neuf Fructidor, deuxième année Républicaine, une & indivifible, *Signé*, Thellier avec paraphe & fcellé.

(*) NOTA. Nous avons dû rapporter ce Procès-verbal littéralement, fans égard aux fautes de rédaction.

Nous obfervons, que lorfqu'il eu lieu, déjà un très-grand nombre des détenus avoient obtenu leur Liberté, ce qui empêchoit la déclaration de nombre *d'autres faits importans.*

www.ingramcontent.com/pod-product-compliance
Ingram Content Group UK Ltd.
Pitfield, Milton Keynes, MK11 3LW, UK
UKHW020324220726
13923UKWH00003B/1360

9 782019 322830